「継次処理」と「同時処理」
学び方の2つのタイプ

認知処理スタイルを生かして
得意な学び方を身につける

藤田 和弘 著

図書文化

まえがき

　筆者はこれまでに，学習面や生活面で苦戦している子どもの心理教育アセスメントと，それに基づく支援・指導について，臨床的な研究を行ってきました。

　その一環として，研究仲間や教育現場の先生方と一緒に出版したのが，以下の『長所活用型指導で子どもが変わる』シリーズ5冊です（藤田和弘監修，図書文化社）。

「特別支援学級・特別支援学校用」（1998年）
「Part 2：小学校個別指導用」（2000年）
「Part 3：小学校中学年以上・中学校用」（2008年）
「Part 4：幼稚園・保育園・こども園用」（2015年）
「Part 5：思春期・青年期用」（2016年）

　このように，発達段階を念頭に置きながら出版を重ねてきました。最初の刊行（1998年6月）からすでに21年が経過しています。

　この間の子どもを取り巻く社会的環境の変化にはめまぐるしいものがありますが，子どもの得意な認知処理スタイルを生かした長所活用型指導という基本的な考え方は何ら変わることなく一貫しています。

　このシリーズでは，一人一人の子どもの得意な認知処理スタイルを，「継次処理」と「同時処理」という2種類に分け，どちらが得意であるかによって，継次処理型指導方法と同時処理型指導方法をどのように使い分けるかについて，具体的な指導場面ごとに詳しく取り上げています。

　2016年9月に刊行されたPart 5では，こうした継次処理と同時処理を基軸におきながらも，より高次な認知処理スタイルにも着目して，子どもの認知処理の特性をより広い視点からとらえ，適切な指導方法を提示して

います。
　これまでの伝統的な指導法は，子どもの得意な面や強い能力を活用するのではなく，子どもの弱い能力そのものを改善したりレベルアップしたりすることを強調する「短所改善型指導」が主流でした。
　しかし，認知の仕方（認知処理スタイル）にアンバランス（偏り）がある子どもの中でも，とりわけ学習障害をはじめとする発達障害のある子どもの場合，こうした指導法だけでは効果が上がらず，二次障害をもたらすなど，逆効果になることさえあることが明らかになってきたのです。こうした子どもには，その子の得意な認知処理スタイルを生かした長所活用型指導が有効なのです。

　本書のめざすところは次のとおりです。
(1) これら5冊に共通する基本的な（基礎となる）考え方と実践的な取り組みを整理してわかりやすく述べます。
(2) 5冊のシリーズは指導者側からみた指導法のみを取り上げていますが，本書では学習者である子ども側からみた学習方法についても取り上げています。
(3) 子どもの認知処理スタイルを把握するための方法（アセスメントの手段）だけでなく，指導者や保護者の認知処理スタイルの傾向を知る手がかりを提供します。
(4) 最初は子どもの認知処理スタイルに合った効率的な指導方法で教えて，最終的には，子どもが自分に合った学習方法を身につけられるようにすること——これが本書の最終的なねらいです。そのための一つのキーとなるのが，知能検査の結果報告（フィードバック）です。検査者が子ども本人・保護者・指導者に対して，いかにわかりやすくフィードバックし，それを実際の支援・指導にどうつなげるかについて，最終章でみていきます。

以上の4点は，既刊の5冊では扱われなかった内容ですので，本書をお読みいただいたあとに，シリーズの各書籍や専門書をひもといていただくと，より深くご理解いただけると思います。

　本書の内容と構成は，以下のようになっています。
- **序章**

　子どもの学習のつまずきを解消するには，「わかり方（認知の仕方）」に合った指導方法・学習方法を用いる必要があります。ここでは，学習に苦戦している子どもの例をあげて，わかり方と指導方法・学習方法のマッチングについてひもときます。

　また，人間のわかり方は大きく分けて継次処理と同時処理の二つがあることをみなさんに実感していただくために，日常の具体例をあげて説明します。
- **第1章　認知発達の偏りから起こる学習のつまずきとは**

　学習に苦戦している子どもたちの中には，認知発達に偏り（アンバランス）のあることが多いものです。認知発達の偏りとは何か，学習のつまずきを解消する手がかりを得るために，学力観や知能観の変遷をみていきます。
- **第2章　継次処理スタイルと同時処理スタイル**

　継次処理と同時処理という二つの認知処理スタイルの基本的な知識と，認知処理スタイルを生かした長所活用型指導方法について説明します。
- **第3章　認知処理スタイルを生かした通常学級での指導の実際**

　二つの認知処理スタイルを，通常学級の中でどのように生かしたらいいのか，通常学級での指導の実践例等を紹介するとともに，通常学級での取り組み方のステップを提案します。
- **第4章　認知処理スタイルを知るチェックリスト**

　子ども・指導者・保護者の認知処理スタイルの傾向を知る手がかりとし

て，リストを用いたチェック法を紹介します。子どもの認知処理スタイルを詳しく調べる方法として開発された知能検査（KABC-Ⅱ）についても概説します。

- 第5章　フィードバックを通じて
　　　自分に合った学習方法を身につける

　子ども自身が自分に合った方法を身につけるためのポイントとして，知能検査の結果を学習や日常生活に生かす方法を紹介します。

　本書はできるだけわかりやすい記述を心がけましたので，先生方はもちろん，先生を志す学生のみなさん，保護者やボランティアの方々，さらには苦戦している子どもに関係するすべての方々が読者となっていただけるものと思います。

　本書をまとめるにあたっては，巻末に掲げる書物や資料以外にも，多くの書物や資料を参考にしました。また，保護者の方々，先生方に取材にご協力をいただきました。関係の方々に御礼申し上げます。

　最後になりましたが，本書はKABC-Ⅱの普及啓発に力を注いでくださった図書文化社の村主典英前社長，水野昇前出版部長のお力添えでスタートし，福富泉社長のおかげで刊行することができました。

　私の執筆が遅れていたところ，同社の渡辺佐恵氏，フリー編集者の辻由紀子氏の励ましと協力があって出来上がりました。私のそれまでに書いた書物，実践校での授業の資料などを本書のために整理してくださったお二人は，本書の陰の共著者というべき方々です。心から感謝いたします。

令和元年を迎えた年に

　　　　　　　　　　　　　　　　　　　　　2019年7月　藤田和弘

もくじ

まえがき　3

序章 ……………………………………………………………… 9
1　学習方法とわかり方（認知の仕方）のミスマッチ!?　10
2　認知処理スタイル2パターンのうちあなたはどちらのタイプ？　15
3　あなたと子どもの認知処理のタイプは？　21

第1章　認知発達の偏りから起こる学習のつまずきとは … 27
1　認知発達の偏りとは　29
2　学力観の変遷　36
3　知能観と知能検査　40
COLUMN 1　果物にたとえた知能観　昔「りんご」，いま「みかん」　46

第2章　継次処理スタイルと同時処理スタイル ……………… 47
　　　　── 二つの認知処理スタイルとそれに応じた指導方法

1　二つの認知処理スタイル　49
2　子どもの認知処理スタイルに応じた教師の指導方法　54
3　認知処理スタイルを生かした長所活用型指導　56
4　五つの基本原則とそれを生かした指導例（漢字の読み書き）　59
資料1　認知処理スタイルと学習方法の関係　68

**第3章　認知処理スタイルを生かした
通常学級での指導の実際** ……………………………… 73

1　認知スタイルを通常学級の授業で生かすために　75
2　認知処理スタイルの特性を生かした通常学級での指導の実際　79
　① 継次と同時　二つの指導案の対比　80
　② 児童一人一人を大切にする教育的支援に関する研究　88
　③ 基礎的・基本的な知識・技能を確実に習得させる
　　指導の工夫（2年次）　東京都教職員研修センター　99

3 二つの認知スタイルを生かした指導とは　105
資料2　個に応じた教育の時代に —— 合理的配慮と支援・指導計画　110

第4章　認知処理スタイルを知るチェックリスト　……………117

1 認知処理スタイルを把握するには　119
2 認知処理スタイルを見分けるチェックリスト　121
　　① 学級の子どもの認知処理スタイルを把握する　122
　　　　1　子どもの行動観察によるチェックリスト　122
　　　　2　子どもの学習場面の観察によるチェックリスト　124
　　　　3　子どもが自分で記入するチェックリスト　127
　　② 先生自身の認知処理スタイルを把握する　131
　　③ 保護者自身の認知処理スタイルを把握する　132
3 知能検査を用いたアセスメント
　　—— 知能検査の現状と日本版KABC-Ⅱ　134
COLUMN 2　KABC-Ⅱとは　138

第5章　フィードバックを通じて自分に合った学習方法を身につける　……………141

1 アセスメント情報のフィードバック —— KABC-Ⅱの場合を例に　143
2 KABC-Ⅱフィードバック面接の実際と効果　148
　　① フィードバック面接の心得と効果
　　　　—— 高校でクラス全員に行ったアセスメントの実際　150
　　② ニーズに応えるフィードバック
　　　　—— 検査結果を真に役立てるために　158
COLUMN 3　「その子に合った指導」が自立につながる　164
資料3　学校における心理アセスメントの基礎知識　167

あとがき　170
おもな引用参考文献　172

序章

1

―九九が苦手な子どもの事例から―
学習方法とわかり方
（認知の仕方）のミスマッチ!?

算数がわからない……。国語の成績が伸びない……。
子どもの学習のつまずきに，苦労されている方は多いと思います。
しかし，それは子どものせいではなく，親や先生のせいでもなく，
教え方と子ども自身のわかり方（認知の仕方）のミスマッチが，
大きな要因かもしれません。
九九の学習を例に，それをみてみましょう。

❶ 九九がなかなか覚えられないAくん

　小学校2年生の担任をしているB先生は，学級のAくんになかなか指示が入らず，困っています。

　「なぜAくんはみんなと同じことができないのだろう？　一つ一つ順序立ててきちんと説明しているのに，注意力散漫なのかな。

　特に暗記ものは苦手。漢字の書き取りは間違いが多いし，九九もなかなか覚えられずに，最近は立ち歩きをするようになった。このままでは困るなぁ。よし，今日の放課後はAくんに九九の特訓をしよう！」

② 放課後の九九特訓

　先生はAくんに，初めは教科書を見せながら，九九の読み方を覚えさせ，次に教科書を見なくても言えるように，一の段から順番に何度も練習をさせました。五の段までは少し間違えながらも言えるようになりましたが，問題は六の段からです。

困ったなあ。九九が暗唱できないと次の学習に進めないわ。

Aくん「ろくいちがろく，ろくにじゅうに，ろくさんじゅう……なんだっけ？」
B先生「ろくさんじゅうはち。はい言ってみて」
Aくん「ろくさんじゅうしち」
B先生「違う，違う。しちじゃなくてはち」
Aくん「ろくさんじゅう……」――Aくんの声はだんだん小さくなり，ついには口をへの字に曲げて，うつむいてしまいました。
B先生「じゃあ今日はこれまでにしよう。お家でも練習してくるんだよ」

九九の暗唱ができないと，ますます自信をなくしてしまうわ。何とか暗記させなくては！

③ 家での九九特訓

　Aくんのお母さんも，わが子がなかなか九九が覚えられないことを気にしていました。「少しずつ言えるようになってはきたものの，六の段がなかなか進んでいない」という先生からの連絡帳を見て，今日は家でも九九の特訓です。

Aくん「ろくいちがろく，ろくにじゅうに，ろくさんじゅう……なんだっけ？」
お母さん「じゅうはち！　今日習ったでしょ。また忘れちゃったの？　はい，最初から」
Aくん「……もうやりたくないよ！」

4 教育センターで相談を受けたB先生

　Aくんの九九の特訓はその後も続きました。しかし，6の段がクリアできたと思ったら，覚えていたはずの3の段を間違えたり……となかなか成果は表れません。授業中の立ち歩きも収まらず，ほかの子どもとのトラブルもみられるようになりました。困ったB先生は，Aくんの対応について，教育センターに相談することにしました。

　はじめに，相談員はAくんへの指導について困っていることをB先生に尋ねました。

　「Aくんは，言葉で順番に説明しても，なかなか指示が入りません。最近では授業中の立ち歩きも目立ちます。学習面では，いま学習している九九のほか，漢字を覚えるのも苦手です。漢字は細かい形を間違うことが多く，書き順は何度教えてもバラバラです。本人は，九九が覚えられないことで自信をなくしているようです。どのように支援したらいいでしょうか。九九が暗唱できないと，これからの学習に影響しますし，保護者もその点を心配しています」

　次に，相談員は「では，Aくんができていることは？」と聞きました。B先生は次のように答えました。

　「Aくんは，口答での指示は入りにくいものの，ほかの子をまねして動くことができるので，活動に参加できないということはありません。また，自分なりの方法を見つけて取り組むことができます。九九でも，途中でわからなくなると，たし算で答えを導く方法を自分で考え出しました。かけ算の文章問題では，式を立てることができ，かけ算の意味もわかっています。また，漢字の間違いが多いものの，作文は書けます。教科書を読んでわからない単語があっても，文全体から大まかな意味をとらえることはできています」

5 相談員からのアドバイスとその後のAくん

相談員からは，B先生へ次のようなアドバイスがありました。

「Aくんは，聴いて覚えるスタイルが苦手のようです。そのため，一つ一つていねいに説明しても，口答での長い指示は入りづらいようです。九九を何度唱えても覚えられなかったり，"はち"を"しち"と聞き間違えたりしていることも，聴くことの弱さが関係していると思われます。また，順番に覚えたり一つ一つ指示にそって作業をしたりするのが苦手なため，漢字の書き順で苦労しているのでしょう。

そこで，Aくんの場合は，全体を踏まえた教え方，視覚的・運動的な手がかりを使った指導法に切りかえるといいと思います。全体を踏まえた指導法とは，例えば，行事の説明を行う場合，順番に時系列でスケジュールを説明するのではなく，全体図をまず示して，行事で大まかにどのようなことが行われるか説明する，ということです」

相談員から以下のような九九の練習法を教えてもらい，B先生はこれをAくんのお母さんとも共有して，Aくんの指導にあたりました。

- 視覚的教材を活用する。九九表は全体が一目でわかるので，表の中の位置関係から式を暗記するという学習ができる。
- 単語帳形式の九九カードをつくり，カードを指でめくりながら九九を覚える（感覚運動を取り入れる）。
- 式が書かれたカードをテーブルに並べて，「答えが8になるカードは？」などと，ゲーム式に楽しく学習する。
- かけ算式を絵にしてイメージ化する。例えば，「1枚のお皿にチョコが3個。お皿4枚ではチョコは何個？」など。

すると，Aくんは「これならできる！」とやる気をみせ，九九の練習を積極的に行うようになりました。学習への自信もついてきて，授業中の立ち歩きもなくなりました。

❻ 指導法・学習法と子どものわかり方のミスマッチ

Aくんの学習は，なぜ急にうまくいくようになったのでしょうか。

ひとことで言うと，「**Aくんの学習がうまくいかなかったのは，指導法・学習法とAくんの得意・不得意についての"わかり方（認知の仕方）"にミスマッチがあったため**」だったと考えられます。

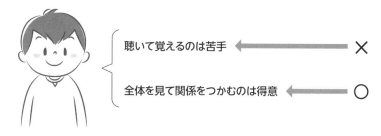

人間のわかり方（認知の仕方）には二つのパターンあります。一つが左脳のはたらきと関係する**「継次処理スタイル」**，もう一つが右脳のはたらきと関係する**「同時処理スタイル」**です。人間の脳は通常，この二つのパターンを組み合わせて情報を処理しています。この二つのパターンは，人によって多少の強い弱いはあっても，年齢とともに，両方がバランスよく発達していきます。

いっぽう，二つの処理スタイルのアンバランスが著しく，得意（強い認知処理）と不得意（弱い認知処理）がとてもはっきりしている子どももいます。その場合，不得意な処理スタイルに負荷のかかる指示や指導をすると，子どもは学習に極端に時間がかかったり，許容量を超えてしまい，学習できない状態になったりします。このケースでも，一つずつ順を追って覚えるのは，Aくんにとって不得意な認知処理を使う学習方法だったのです。そこで，B先生とお母さんが，Aくんが得意な認知処理を使えるように指導法を工夫したことで，Aくんは本来の力が発揮できるようになったと考えられます。

認知処理スタイル2パターンのうち
あなたはどちらのタイプ？

わかり方（認知の仕方）に得意・不得意があるというのは，
強弱の差はあれ，だれにでもみられます。
ここでは，みなさんが日常よく使っている道具を例に，
あなたの得意な認知処理スタイルについて，
確かめてみましょう。

1 あなたはどちら派？──得意なことと苦手なこと

世の中には，いろいろなタイプの道具があります。
例えば以下の三つについて，あなたはAとBどちらのほうが使いやすいでしょうか。

---

(1) 時計
　　A：デジタル派　B：アナログ派
(2) スケジュール
　　A：時系列で管理　B：カテゴリーで管理
(3) 目的地までのナビゲーション
　　A：音声・文字　B：地図

仕事上の都合や環境的・習慣的な要因で，実際に使用しているものと，自分自身の使いやすいものが違っているかもしれません。ここでは，実際に使っているかどうかではなく，「使いやすい」「わかりやすい」と思うほうを選んでください。
　例えば，「仕事上，秒単位で時間を把握する必要があるのでデジタル時計を使っているが，普段の生活はアナログ時計のほうがわかりやすい」という人は，アナログ派です。

(1)時計（デジタル派vsアナログ派）

　現在の時計には，アナログ時計の文字盤とデジタル表示の二つが付いた「デジアナ式」もあり，「普段の生活はアナログ表示を見て，ランニングのときにはデジタル表示を見る」というように，TPOによって見る表示を使い分けている人もいるようです。

　しかしあえていうなら，「日常的に使いやすい・わかりやすい」と思うのは，どちらでしょうか。
　「時計はデジタルのほうが使いやすい」という，デジタル派の人にその理由を聞くと，
　「数字のほうが，時刻が頭に入りやすい」
　「針をいちいち読む必要がない」
　「読み間違えることが少ない」
　「何分何秒まで，刻々と時間の経過がわかる」
　などの声が聞かれます。

デジタル派の人は，具体的な数字で，順を追って表示されるほうがわかりやすいようです。

いっぽう，アナログ派の人に，なぜアナログ時計のほうが使いやすいのかその理由を尋ねると，こんな声が返ってきました。

「文字盤を見たほうが，時刻が頭に入りやすい」

「文字盤を見たほうが，時間の経過がわかりやすい」

「例えば，あと30分間でこの仕事を終わらせようというときに，長針が反対側に来るまでに終わらせる，というように，時間の経過をイメージしやすい」

アナログ派の人は，長針と短針のつくる形や文字盤との位置関係から，瞬間的にパッと見て時間を感覚的に理解しやすいようです。

さて，あなたの場合，デジタルorアナログ，どちらか「わかりやすいほう」を選ぶとすると，どちらにあてはまるでしょうか。

(2) スケジュール管理（時系列派vsカテゴリー派）

スケジュール管理をする場合，時系列ごとに管理する方法とカテゴリー別に管理する方法の二つのうち，あなたは，どちらのほうが管理しやすいでしょうか。

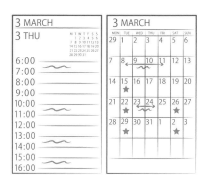

「スケジュールは，時系列で把握すると管理しやすい」という時系列派の人からは，

「日付や時間などの順番に予定を並べて管理する」

「その日にすべきことを，時系列にそって考える」

「予定を思い出すときは，○年○月○日などと数字が頼りになる」

といった声が聞かれます。

時系列派の人は，日付・時間で管理したり，やるべきことを順番に把握したりすることが得意のようです。
　いっぽう，「スケジュールはカテゴリー別のほうが管理しやすい」というカテゴリー派の人からは，次のような声が聞かれます。
　「１週間，１カ月など，全体の予定が見渡せることを重視する」
　「関連する予定をまとめたり，細かい予定は省略したりする」
　「来週の木曜日，３カ月後の同じ日などと，関係性で覚えていることが多い」
　カテゴリー派の人は，分類したり，週単位・月単位といった全体で把握したりすることが得意のようです。

(3)目的地までのナビゲーション（音声・文字ナビvs地図ナビ）

　地図データと衛星通信を利用したGPS（全地球測位システム）を組み合わせて，目的地までの経路を教えてくれるナビゲーションシステム。車の運転を支援するカーナビゲーションのほか，歩行中，目的地までの案内にスマートフォン等のGPS機能を活用されている方は多いと思います。

　最近は，スマートフォンの地図アプリでも，２通りの道案内が表示されます。地図上に全体のルートが描かれたものと，文字情報や音声で道順を説明してくれるものです。
　これも，場合によって使い分けていることが多いかもしれませんが，あえて言うと，あなたは，音声や文字での案内と，地図での案内では，どちらのほうがわかりやすいでしょうか。
　「音声・文字ナビ派」の人からは，こんな声が聞かれます。

「『100m先，右に曲がります』などとそのつど案内されたほうが，地図を見るよりもわかりやすい」

「相手に道を説明するときは，『まっすぐ行って，2番目の角を右に曲がって，しばらく行くと郵便局があるから，そこを左に……』というぐあいに，現在地から順を追って説明する」

音声・文字ナビ派の人は，地図をみて理解するよりも，順番に言葉で案内されたほうがわかりやすいようです。

では，「地図ナビ派」の人の意見はどうでしょうか。

「道順を言葉で説明されるより，地図表示のほうがわかりやすい」

「相手に道を説明するときは，図を書いたり地図を見せたりして説明するほうが伝えやすい」

このように，地図ナビ派の人は，言葉の説明よりも，地図をみて現在地と目的地とルートを一度に把握できるほうがわかりやすいようです。

❷ わかり方（認知の仕方）には，得意・不得意がある

さて，以上の三つについて，読者のみなさんは，AとBのうち，どちらの例にあてはまりましたか。

「自分のわかりやすさについてなんて，いままで考えたこともなかった」と言われる方もいるのではないでしょうか。

私たちは無意識のうちにいろいろなやり方や道具を使って，ものごとを理解したり，覚えたり，説明したりしています。これには，さきに説明した二つの「認知処理スタイル」が関係しているのです。

一つは，情報を一つずつ順番に処理していくタイプで，「継次処理」といいます。刻々と数字で時刻が表示されるデジタル時計，時系列で一元管理されたスケジュール表，一つずつ順に指示に従う音声ガイダンスなどが，その代表例です。

もう一つは，複数の情報を関連づけて同時に処理していくタイプで，「同時処理」といいます。文字盤と針の位置で時間がわかるアナログ時計，週サイクルに曜日が並んだカレンダー，位置や距離の関係が見てわかる絵地図などがその代表例です。

　さきの三つに関して，

　「時計はデジタル派，スケジュールは時系列で管理，ナビゲーションは音声・文字がわかりやすい」などと，**Aが多かった人は「継次処理スタイルが優位な人」**といえます。

　「時計は断然アナログ派，スケジュールはカテゴリーで管理，ナビゲーションは地図がわかりやすい」などと，**Bが多かった人は「同時処理スタイルが優位な人」**といえるでしょう。

　私たちは，この二つのタイプの情報処理を，時と場合によって上手に使い分けています。

　あるいは，どちらにもあまり差がない「バランスタイプ」の人もいるでしょう。しかし，**どちらかといえば得意なほうがある**と思います。

　このように，ものごとのわかり方（認知の仕方）には，得意（強い認知処理）・不得意（弱い認知処理）があることを知らないと，「自分（の強い認知処理）がスタンダードだ」と思い込んでいて，無意識のうちに，他者を自分のスタイルに合わせようとしてしまいます。

　次節では，家庭や学校でのケースをあげて，これらのことを考えてみましょう。

序章

あなたと子どもの認知処理のタイプは？

保護者と子ども，教師と子どもで，「わかり方（認知の仕方）」が異なる場合，どのようなことが起こるでしょうか。みていきましょう。

1 保護者と子ども

(1) X家の場合

　父と母，兄・妹の四人家族のXさんの家では，夕食時にお母さんが，今日の学校での出来事の様子を子どもたちに尋ねます。

　お兄ちゃんは，「1時間目には……があって，2時間目は……」と，1日の様子を朝から順番にお話ししてくれます。お母さんは，せっかく子どもが話してくれているのだからと我慢するのですが，いつ放課後までたどり着くのか，結局何が楽しかったのかと，聞いていて途中からイライラしてきます。お母さんのもどかしい思いが伝わってしまったのか，最近，お兄ちゃんは，学校での出来事をあまり話してくれなくなりました。

　妹の説明は正反対で，こんなぐあいです。「今日はねえ，水泳があったの。すごく楽しかった！」──お母さんはこれで満足なのです。しかしお父さんは不満なようで，「今日あったのは，水泳だけじゃないだろう。ほかのことも，ちゃんとお話しなさい」などと，ときどき指導が入ります。そんなとき妹はいやな顔をします。

(2) Y家の場合

　Yさんの家では，お母さんが息子に家の手伝いをお願いするのですが，どんなにきちんと説明してもいつも間違えるので，「ちゃんと聞いているの？」と，ついしかってしまいます。「お風呂にお湯を張るときは，まず浴槽がきれいかを確かめて，浴槽に栓をして，スイッチをオン。お湯が冷めないように浴槽に蓋をして……」と，順を追って細かく説明しているのに，効果がありません。

　でも，お父さんの「コーヒー買ってきて。黒い缶でおじさんがパイプくわえている絵柄のやつね」というアバウトな説明で買い物を頼んだときには，間違えたことがありません。

(3) 家族それぞれの認知処理スタイルの違い

　XさんとYさんの親子間・夫婦間で，なぜこのような違いが起きるのでしょうか。それぞれの性格や，普段の人間関係の影響もあるでしょう。しかし，認知処理スタイルで考えると，X家のお兄ちゃんとお父さんは継次処理が得意，お母さんと妹さんは同時処理が得意なタイプ。認知処理スタイルからみると，お兄ちゃんはお父さんと相性がよく，妹さんはお母さんと相性がいいといえます。他方のY家の場合はその反対で，お母さんは継次処理が得意，お父さんとお子さんは同時処理が得意なタイプといえます。

	継次処理が得意なタイプ		同時処理が得意なタイプ
X家	父，兄	VS	母，妹
Y家	母	VS	父，息子

② 教師と児童生徒

(1) 漢字の形が覚えられないCちゃん

　Cちゃんは漢字を書くのが苦手です。漢字の形がなかなか覚えられないし，せっかくテストで書けても，書き順が違う，細かいとめ・はね・はらいが違うといって，いつも○をもらえません。

　D先生は，漢字を書き順から指導しています。「田んぼの田」なら，一画目はこう，二画目はこう……というぐあいに，D先生が黒板に書くのを見せながら，子どもと一緒に空書きしたりノートに書いたりしながら練習させます。たいていの子はこれでできるようになるので，「Cちゃんも，もっと練習すれば覚えられるよ。毎日10回書いてきなさい」と宿題を出します。でもCちゃんは全然覚えられません。書いたノートを見ても，字もたどたどしく形がとれないのです。

　D先生が教育センターに相談したところ，「Cちゃんの場合は，例えば，漢字の形と意味がイラストになったカードを見ながら学習すれば覚えることができるかもしれませんよ」とアドバイスされ，そのとおりにすると，だんだん書けるようになってきました。

(2) 地図が覚えられないEくん

　Eくんは地図がなかなか覚えられません。都道府県や世界の国の名前はわかるのですが，地図を見ても，県庁所在地や各国の首都が地図上のどこにあるのか，なかなか見つけられません。F先生は，「地図テスト，クラス全員合格」を目標に，授業中もクイズを出して，取り組んでいます。

　壁に貼った日本地図や世界地図を見せながら「県庁所在地はどこにありますか？ 指さしてください」「この国の首都は？」と問題を出します。多くの子どもたちは，回数を重ねるうちに，「東京はここ，大阪はここです」「ロンドンはここ，ニューヨークはここです」と，的確に見つけて指さすこと

ができますが、Eくんはとてもあせってなかなか見つけられません。家でも同じような特訓をするのですが、お手上げです。F先生はEくんの努力不足だと思って、がんばって見つけ出せるよう指導しますが、Eくんにはむずかしいようです。

F先生は特別支援学級の先生に相談しました。すると、「Eくんの場合は、例えば、地図に番地をつけて、アの3はイギリス、首都はロンドン、テムズ川沿い、などと手順を教えていくうちに答えられるようになるかもしれませんね」とアドバイスを受け、試してみると、徐々に見つけられるようになってきました。

(3)学習のつまずきは、得意・不得意の差の大きさ

これは、D先生やF先生に問題があるのでしょうか？　Cちゃん、Eくんに問題があるのでしょうか？

たしかにCちゃん、Eくんは、学習につまずきのある子どもですが、怠けているとか、理解力がないということではありません。その証拠に、違う教え方（覚え方）をすることで、彼らは学習課題をクリアしています。つまり、たとえ多くの子どもがD先生やF先生の教え方で理解できるとしても、CちゃんやEくんの場合は、それがむずかしかったのです。

D先生は、「継次処理タイプ」の教え方を、F先生は「同時処理タイプ」の教え方をしています。そして、Cちゃんは同時処理が得意で継次処理が不得意なタイプ、Eくんは継次処理が得意で同時処理が不得意なタイプです。

通常発達している子

継次処理タイプ	同時処理タイプ
D先生	Cちゃん
VS	
Eくん	F先生
VS	

どもの多くは，多少の強弱はあってもバランスよく発達するので，自分と異なる認知処理スタイルで教えられても理解できないことはありません。しかし，学習につまずきのある子どもの多くは，同時処理と継次処理の得意・不得意が極端なため，自分が不得意な認知処理スタイルで教わっても理解するのはむずかしいのです。

　漢字の書きの場合のように，多くの学校の先生方は，継次処理タイプの教え方をしていると思います。それは，「一つ一つ順番に，段階的に……」という継次処理型の指導で，先生自身が教わってきたからであり，この教え方が子どもたちにはわかりやすいのだ，と疑わず指導してきたからではないでしょうか。

(4) 教え方のタイプを知り，個に応じたアプローチを

　教え方や勉強の仕方には，定番（王道）スタイルといわれるものが多くあります。漢字だったらこういう教え方，たし算だったらこういう教え方……。どの指導法がいちばん効果的なのか，それを単純に比べることはできません。たとえ多くの子どもに有効でも，さきほどのCちゃん，Eくんの例が示すように，**その子にとって最適な指導方法であるかどうかは異なる**からです。

　一般に定番スタイルといわれる学習法や，学校での指導法には，継次処理タイプのものが多いようです。反対に，「○○メソッド」「名人芸」といわれるような個性ある学習法や指導法には，同時処理タイプのものが多いかもしれません。子どもの学び方にタイプがあるように，教師の教え方にもタイプがあります。そのことを，まずしっかり認識しておくことが大切です。両者に相違があることに気づけば，その子どもに応じて違う教え方（アプローチ）をしてみようと考えることも可能です。

③ 教え方と学び方のギャップを埋める！

　認知処理スタイルのギャップについて，保護者と子ども，教師と児童生徒との関係についてみてきました。

　「人間には二つの認知処理スタイルがある」——このことを知らなければ，「自分（の認知処理スタイル）がスタンダードである」と思い込み，その認知スタイルが苦手な子どもに無理強いしてしまう可能性があります。

　子どもが小さいうちは，まだ自分なりの学び方が確立していないため，教え方の影響を強く受けます。ですから，教師・保護者が，教え方や子どもへの接し方について，どのようなスタイルを多く用いているかを，意識する必要があるのです。

　そして，特に学習につまずきのある子どもの場合は，その子どもの得意な認知処理スタイルを探り，子どもの得意な学び方に教師・保護者が合わせることです。つまり，**教え方（指導方法）と学び方（学習方法）のギャップを埋め，支援していくことが重要**になります。

　そうやって**下地をつくる**ことで，子どもは成長とともに，自分自身で，学び方を身につけていくのです。

第1章

認知発達の偏りから起こる学習のつまずきとは

序章のお話で,
人間には二つの認知処理スタイルがあることを
実感していただけたでしょうか。

学習につまずきのある子どもの場合,
この二つの認知処理スタイルにアンバランスがあり,
長所と短所が極端に現れやすくなります。
ですから,その子どもの中の長所(強み)に着目して,
指導の仕方を工夫する必要があります。
そして,その子が自分の強みに気づき,
それを生かして主体的に学習を進め,
いきいきと生活を送ること。
そうなるための道しるべとなることが本書の目的です。

指導の仕方の工夫についてお話しする前に,
本章では,学習のつまずきと認知発達の偏りについて説明します。
次に,学力観・知能観がどのように変わっていったのか,
その変遷をみていきます。
これにより,現在の「個に応じた教育の時代」に
私たちがするべきことは何か,
それが浮き彫りになってきます。

第1章 ● 認知発達の偏りから起こる学習のつまずきとは

認知発達の偏りとは

　私たちが日常生活を送るうえで，見たり聞いたりしたものを，理解する，記憶するといった，脳のさまざまな機能のことを「認知機能」と呼びます。
　「認知」を少し専門的に説明すると，視覚・聴覚・嗅覚・触覚・味覚・筋肉運動感覚・固有感覚など，諸感覚の感覚器からインプットされた外部情報を，脳が知覚・記憶・思考・理解・判断して処理する過程のことです。とりわけ，諸感覚のうち高次な感覚である視覚と聴覚からの情報が重要です。つまり「認知」とは，知覚・記憶・思考などを含む学習にかかわる知的活動全般のことを指します。

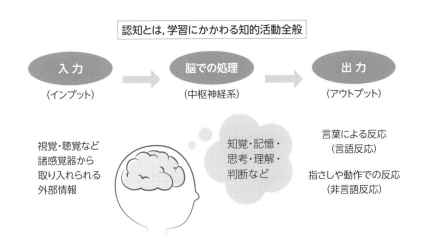

認知機能は，学習にかかわる大切な脳の働きであり，いろいろな情報を認知的に処理する機能です。この機能は，人の身体と同じで，その人の内的要因（脳のレベルや遺伝など）と外的要因（環境や学習など）がかかわりあって発達していきます。しかし，何らかの発達上の理由で，認知発達にアンバランス（偏り）が生じる場合があります。

❶ 認知発達の偏りと遅れ

　認知発達にアンバランス（偏り）があると，できることとできないことの凸凹がとても大きくなります。つまり，高い認知機能を発揮できるときは，周りと変わらず，あるいはそれ以上の成果を上げることができるのですが，低い認知機能しか発揮できないときは「どうしてこんなことができないの？」というようなことでつまずいてしまいます。例えば，「文章の意味は理解しているのに，単語の読み書きが極端に苦手」「単語の読み書きはできるけれど，文章になると意味がつかめない」というぐあいです。

　周囲は，子どもの高い能力にだけ注目して，「努力すればもっとできるはず」と考えてしまいがちですが，認知発達に偏りがある場合，やる気や努力だけで苦手を克服することは非常にむずかしいのです。

● 表1-1　知的障害と発達障害

①知的障害	記憶，推理，判断などの知的機能の発達に有意な遅れがみられ，社会生活などへの適応がむずかしい状態。
②発達障害	自閉症，アスペルガー症候群その他の広汎性発達障害，学習障害，注意欠陥多動性障害その他これに類する脳機能の障害であってその症状が通常低年齢において発現するものとして政令で定めるもの。

①文部科学省「特別支援教育について　（3）知的障害教育」より引用
②「発達障害者支援法」（平成16年12月10日　法律第167号）第2条より引用

いっぽうで，認知機能全般に遅れがあり，全体にゆっくりと発達してく子どもたちもいます。違いをわかりやすくいうと，発達障害は「認知発達の偏り」，知的障害は「認知発達の遅れ」ということになるでしょう。

(1) 発達障害とは

　図1-1は，発達障害の種類と障害特性を，発達障害者支援法という法律に基づいてわかりやすくまとめたものです。

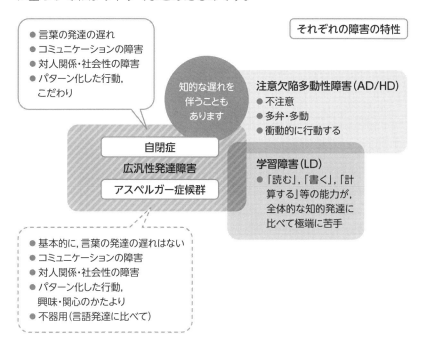

※自閉スペクトラム症（ASD），学習障害（LD），注意欠陥多動性障害（AD/HD）の三つのほか，トゥレット症候群のように，まばたき，顔しかめ，首振りといった運動性チック症状や，せきばらい，鼻すすり，叫び声といった音声チックを主症状とするタイプのものも，発達障害の定義には含まれています。

● 図1-1　それぞれの障害の特性
厚生労働省「発達障害者支援施策『パンフレット 発達障害の理解のために』」より引用

発達障害の名称や診断基準は，時代とともに変化しており，最近では，SLD，AD/HD，ASDの三つに整理されています。これは，世界的に使用されている医学的診断基準『DSM-Ⅴ』(精神疾患の診断・統計マニュアル5，2013年)の考え方に，最近大きな変更があったためです。

　鷲見（2015）によると，DSM-Ⅴのおもな変更点は，以下のとおりです。
①発達障害という用語ではなく，SLD，AD/HD，ASDを含む新たなグループとして，神経発達症群（神経発達障害群）が設けられた。
②日本語訳では，次に示すように，「症（群）」という新しい用語と，これまで使われてきた「障害」という語を併記した。

Neurodevelopmental disorder
　神経発達症群／神経発達障害群
Specific Learning Disorder (SLD)
　限局性学習症／限局性学習障害
Attention Deficit/Hyperactivity Disorder (AD/HD)
　注意欠如・多動症／注意欠如・多動性障害
Autism Spectrum Disorder (ASD)
　自閉スペクトラム症／自閉症スペクトラム障害
日本精神神経学会日本語版監修（2014）『DSM5　精神疾患の診断・統計マニュアル』

---

③広汎性発達障害という用語の代わりに，自閉スペクトラム症（障害）という名称が採用され，5種類の下位分類（自閉性障害，アスペルガー障害，レット障害，小児期崩壊性障害，特定不能の広汎性発達障害）の廃止により，これらがASDという一つの診断名にまとめられた。
④ASDの症状を，主要3徴候とする代わりに，2徴候（社会的コミュニケーションと興味の極限等）にまとめた。

このほか,教育現場における支援では,学習障害(LD)について,下記の文部科学省の定義も用いられます。

| 学習障害(LD) Learning Disabilities | 基本的には全般的な知的発達に遅れはないが,聞く,話す,読む,書く,計算する又は推論する能力のうち特定のものの習得と使用に著しい困難を示す様々な状態を指すものである。
　学習障害は,その原因として,中枢神経系に何らかの機能障害があると推定されるが,視覚障害,聴覚障害,知的障害,情緒障害などの障害や,環境的な要因が直接の原因となるものではない。 |

文部科学省(1999)「学習障害児に対する指導について(報告)」より抜粋

　文部科学省の全国実態調査(2012)によると,小中学校の通常学級において,学習面や行動面で著しい困難を示す子どもの割合は6.5％で,なかでも「学習面で著しい困難を示す」子どもの割合(推定値)は4.5％と報告されています。また,学校では子どもの問題行動にどうしても注目が集まりがちですが,行動面で著しい困難を示す子どもの半数近くに,学習面の困難がみられることを,見落としてはいけないでしょう。

学習面,各行動面で著しい困難を示す児童生徒の割合

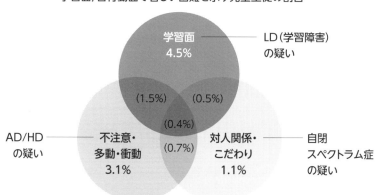

出典：文部科学省「通常の学級に在籍する特別な教育的支援を必要とする児童生徒に関する全国実態調査」(2012)をもとにグラフ作成

(2) 深刻な二次障害

　障害種によらず発達障害の子どもたちに共通しているのは，失敗したりしかられたりする経験が多いために，心因性の二次障害をもちやすくなる点です。学校や家庭で自分の能力を発揮できずにいる状態がずっと続くと，情緒的な問題が現れることがしばしばあります。

　この二次障害の現れ方には，以下の2パターンがあります。

　一つは，自己評価の低さや意欲の低下です。それが要因となって，強い不安や抑うつ，対人恐怖を示す場合もあります。不登校やひきこもりが，その結果として起きているケースも少なくありません。

　もう一つは，反抗や問題行動という形で現れるものです。無理解や誤解から否定的な評価を受けることが多いために，だれにでも反抗的な態度を示します。それにより，いっそう周りから否定的な評価を受けることになります。問題行動がエスカレートすると，怠学，触法，非行といった深刻な問題行動へと発展してしまうケースもあります。

(3) 支援は早期開始＆切れ目なく！

　ある高等学校の先生がこんなお話をされました。いわゆる困難校で，多くの学業不振の生徒たちを支援されてきた先生です。

　「本校の生徒たちをみたとき，もはや学業不振がLD（学習障害）によるものなのか，単にやる気がないためなのか，よくわからないことが多いのです。アセスメントを実施して手だてを練ろうといっても，生徒自身も保護者も，そして教員も，疲れていたりあきらめたりしてしまって，そうした働きかけには消極的なことが多いのです」と。

　学習と認知処理スタイルの関係についてご存じの方は，まだまだ多くないと思います。しかし，本書をきっかけに，多くの先生，保護者の方々に関心をもっていただきたいのです。子どもの認知処理スタイルに応じた指導を取り入れ，学習のつまずきを減らすことで，子どもがいきいきとした

学校生活を送ることが可能になってくるからです。

　例えば，さきの学業不振の高校生たちの場合，もしも早期にアセスメントが実施され，適切な手だてが講じられ，その支援が幼保・小・中・高と切れ目なく行われたとしたら……。二次障害の予防だけでなく，人生そのものが大きく変わっていったのではないかと思うのです。

　発達障害者支援法の第一条に，「発達障害者の心理機能の適正な発達及び円滑な社会生活の促進のために発達障害の症状の発現後できるだけ早期に発達支援を行うことが特に重要である」とあります。

　発達障害を早期に発見し，発達支援を開始し，それを切れ目なく行うことが，とても重要なのです。

(4) 一人一人の認知処理スタイルに合った指導を！

　通常学級に在籍する多くの子どもたちは，認知処理スタイルの得意・不得意の差は大きくないので，不得意な認知処理スタイルで，先生や保護者が指示や指導をしたとしても，それになんとか対応できるのです。

　それに対して，脳の機能（はたらき）にアンバランスのある子どもたちは，認知処理スタイルの得意・不得意の差が大きい場合が多いと考えられます。そのため，その子にとってわかりにくい方法（不得意な認知処理スタイル）で先生が指導・支援をすると，理解をするのに時間がかかり，許容量オーバーとなり，うまく学習できないという状態になります。これが続くと，子どもは学習課題に対する苦手意識をもつようになってしまいます。特に発達障害のある子どもたちは，この二つの認知処理スタイルのアンバランスが著しく，得意（強い認知処理）と不得意（弱い認知処理）がはっきりしている場合が多いものです。

　継次処理が得意な子どもには継次処理的な指導方法を，同時処理が得意な子どもには同時処理的な指導方法を，一人一人の子どもに応じて指導を使い分けることが大切なのです。

2 学力観の変遷

1 学力観の移り変わり

(1) 学校教育における学力観の変化──知識型から問題解決型へ

　子どもたちが学校教育で身につけるべき内容と学校教育がめざすべき方向は、学習指導要領（文部科学省）に定められています。学習指導要領はおよそ10年に一度改訂されます。その変遷が下表です。

● 表 1-2　学力観の変遷（辰野，2003年より改変）平成20年，29年は藤田作成

心理学	年	学習指導要領の変遷
1950年代まで 行動心理学が主流	昭和33年 (1958)	「基礎重視の学力」 ・基礎学力の充実（国語，算数の内容の充実と時間数の増加） ・道徳の時間の新設など
	昭和43年 (1968)	「科学重視の学力」 ・科学的概念と原理の理解 ・科学的探究の精神と方法の重視
1960年代〜 認知心理学, 人間性心理学が主流	昭和52年 (1977)	「人間性重視の学力」 ・基礎的，基本的な内容の重視
	平成元年 (1989)	「個性・主体性重視の学力」 ・社会の変化に主体的に対応できる能力 ・基礎的，基本的な内容の重視。教育内容の厳選 ・生活科の新設など

心理学	年	学習指導要領の変遷
	平成10年 (1998)	「生きる力重視の学力」 ・自ら学び考える力 ・基礎・基本の確実な定着 ・総合的な学習の時間の新設など
	平成20年 (2008)	「生きる力重視の学力」 ・基礎的・基本的な知識・技能の習得 ・思考力，判断力，表現力の育成のバランス ・小学校外国語活動の導入など
	平成29年 (2017)	「三つの柱からの資質・能力の育成をめざす」 ・学力観の拡大。知識の理解の質を高め，資質・能力を育む「主体的・対話的で深い学び」(アクティブ・ラーニング)，すべての教科の評価を，①知識および技能，②思考力，判断力，表現力等，③学びに向かう力，人間性等の三つの柱で整理 ・道徳の教科化など

（2）心理学からみた学力観の変遷

　日本の学習心理学の第一人者，辰野千壽による「学力観の変遷」についてみてみましょう。

　心理学の立場で学力観の変化をみると，1960年代以降は，それまで主流を占めていた行動心理学に変わり，認知心理学と人間性心理学が力をもつようになりました。

　古典的な行動心理学では，人間を「白紙」の状態と考え，教師が与える刺激と賞罰を用いることで，子どもは自動的に学習する（知識を習得する）としました。いわば，受動的な学習者のモデルです。そこでは個人差を考えず，刺激や賞罰の与え方，練習のさせ方といった指導法に重点をおき，学習者の学習法，学習スタイルなどは二次的なものと考えたのです。

　いっぽう認知心理学では，学習者を知識の構成者とみなしました。いわば，

能動的な学習者のモデルです。子どもたちが，外界からの刺激や情報を取捨選択して取り入れ，分類・記憶・判断して，自分の知識の体系の中に組み入れていく情報処理過程がより重視されるようになりました。また，そこには個人差があるとし，学習者それぞれの学び方・学習方法，認知スタイル・学習スタイルを解明することに重きがおかれるようになったのです。

　このような学習理論の変化とともに，学校教育で身につけるべき内容についても，**知識・理解や技能から，問題解決や人間性をより重視するものへと学力観が変化してきた**と考えられます。

　このように，学習者一人一人の個性に目を向け，子どもの主体性を重視しながら個に応じた教育を行う方向性は，教育界全体の流れです。今後はさらに，子どもたちそれぞれの個人差に配慮し，学び方・学習方法，認知処理スタイル・学習スタイルを踏まえた教え方（指導方法）を工夫するとともに，子どもが自分に適した学習方法を身につけ，主体的に問題解決に取り組んでいけるよう，**教え方（指導方法）と学び方（学習方法）の一体化が求められる**でしょう。

② 二つの個人差――個人間差と個人内差

(1) 個人間差と個人内差

　個人差には，実は二つの意味があることをご存じでしょうか。

　一つは，「個人間差」です。これは，AさんとBさんを比べてどうかとか，○年生の平均と比較したときにAさんがどのような位置にいるかなど，他者や集団と比較することで，その人の長所・短所を考えます。一般に「個人差」という場合は，これを指すことが多いのです。

　これとは別のもう一つの個人差に，「個人内差」があります。これは，他の子どもや集団と比較するのではなく，あくまでその子どもの中で，広い

意味での長所・短所（強み・弱み）が何であるかをとらえたものです。広い意味での長所とは，能力的にみて本人の得意なところ，性格的にみて本人の好ましいところ，発達的にみて本人の進んでいるところです。また，1年前の本人の姿と比べるなど，時間的な変化でとらえる場合もあります。

(2)個人内差に着目した支援・指導を！

　一人一人の子どもの姿をとらえるとき，私たちは，長所と短所を，個人間差でみることが多くなってはいないでしょうか。

　しかし，発達に偏りがあるなど，長所と短所が極端に現れやすい子どもに対して，その突出した部分だけを他人と比べたり，やみくもに平均点だけを他者と比べたりしても，本人に合った指導の仕方に結びつけることはできません。**その子どもの中の長所と短所に着目することがとても大切**なのです。

　自信のない子や意欲の乏しい子は，自分の弱みにうちひしがれて自分の強みに気づいていません。その子が自分の強みに気づくよう，手だてを講じたいものです。

　また，指導の手だてが見つからず，短所にばかり目が行きがちな子どもの中にも，必ず長所があるはずです。どのような子どもであっても，その子の長所を見つけ出す目を，私たち大人がもつことを忘れないようにしたいものです。

　学校教育では，これまでも「個性重視」の原則を唱えてきました。近年はますますその重要性が求められています。一人一人を生かす教育であり，個に応じた教育です。先生方・保護者の方には，**個人間差だけでなく個人内差の意義を理解し，子どもの支援・指導にあたって**いただければと思います。

3

知能観と知能検査

　発達障害は「認知の偏り」と説明しましたが、「認知」とよく似た概念に「知能」があります。一般的に認知と知能はほぼ同義にとらえられますが、歴史的には知能の研究が古く、1960年代からは認知心理学の領域で認知の研究が盛んになっていきました。

① 知能観・知能検査の移り変わり

(1) 知能とは

　知能とは何か——この問いについて、辰野千壽は、以下のように述べています。「知能 (intelligence) は、頭脳の知的な働きであるが、その定義は必ずしも一定していない。(中略) 知能は、広狭さまざまに定義されているが、今日ではこれを広義に解し、『知的適応能力』すなわち、『新しい問題や境遇に対し思考的に適応する能力』と考える傾向が強い。そこでは当然、抽象的な思考力や学習する能力も含めている」(『新しい知能観に立った知能検査基本ハンドブック』辰野千壽、図書文化社、1995年)

(2) 知能は「変わらない」から「獲得するもの」へ

　読者の中には、「知能は生まれつきのもの」というイメージをもつ方は少なくないかもしれません。実際はどうなのでしょうか。

心理測定学の父と呼ばれるフランシス・ゴルトン（Galton,F.）は，「知能の個人差は生まれついてのもの，遺伝的なもの」と考えました。また，「スタンフォード・ビネー知能検査」の開発者ターマン（Terman,L.M.）は，「ある時点で特定個人に行った知能検査の測定結果は，生涯を通じてほぼ変動しない」としました（IQの恒常性）。

　その後の研究で，「知能は遺伝と環境の相互作用によって発達するものであり，遺伝的能力だけで規定されない」という考え方に変わりました。**現在では，「知能は生まれつきの能力で変動しない」という考え方から，「環境との相互作用によって獲得していくもの」という考え方**になりました。このような獲得的能力観を唱える代表的な研究者に，アナスタシー（Anastasi, A.）があげられます。

(3) 個別式知能検査の移り変わり

　知能検査の結果は，一般にIQ（intelligence quotient：知能指数）で表示されます。知能は目に見えないので，私たちが知能を論じるとき，それは検査によって「測定される知能」を意味しています。

　知能の概念は，知能検査作成者の考え方や測定技術の進歩によっても変わってくることになります。そこでまず，知能検査の変遷をみてみましょう。

　世界で最初の個別式知能検査とされているのは，1905年にフランスの心理学者であるビネー（Binet,A.）と医師のシモン（Simon,T.）によって作られた検査です（ビネー・シモン尺度）。学校教育において，特別な教育支援ニーズのある，通常の学習についていけない子どもを見分ける方法として開発されました。

　1916年には，ターマンによって初めてIQが導入されました。これがしだいに世界各国で普及し，各国でビネー式検査が作成されるようになりました。

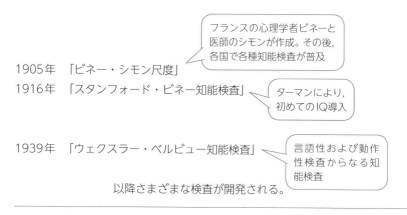

●図1-2　知能検査の変遷

　ビネー式検査は知能の個人間差しか測れませんでしたが，ウェクスラー(Wechsler,D.)は個人間差異だけでなく，個人内差異も測定できる検査として「ウェクスラー・ベルビュー知能検査」（1939年）を作成しました。ウェクスラーはこれを皮切りに，児童用（WISC），成人用（WAIS），幼児用（WPPSI）の知能検査を次々と開発しました。これら三つのウェクスラー式検査は改訂を重ね，現在でも最もよく使用されています。

　「ビネー式検査」と「ウェクスラー検査」に加えて，近年，日本で多く使用されている個別式知能検査には，「カウフマン式検査」（K-ABC, KABC-Ⅱ）や「DN-CAS」（ダス・ナグリエリ認知評価システム）があります。これらにより，認知処理スタイルが測定でき，子どものスタイルに合った指導方法を見いだすことができるようになりました。

　以上をまとめると，個別式知能検査は，ビネー式からウェクスラー式へ，そしてカウフマン式へと変遷していったといえるでしょう。

2 現在の知能検査

(1) 以前の知能検査の目的は個人間差

ビネー以降, 知能検査は, おもに知的障害の判定・診断に用いられたことからもわかるように, ある水準に照らしてその人がどこに位置するかという「個人間差」を明らかにすることがおもな目的でした。

ただし, 水準に照らして遅れているかどうかはわかっても, それが子どもの学習上のつまずきとどのように関係しているかはみえにくく, 検査結果をみて学校の先生方が指導に役立てようとするときには, 専門的な勉強をする必要がありました。

つまり,「子どもが何をわかっていて何がわからない」というように, 学習上のつまずきを先生が把握できたとしても,「どのように教えるか (how to)」という指導の仕方に関する手がかりを得ることはむずかしかったのです。

(2) 指導につながる知能検査へ

そのような中, 1960年代後半から認知過程 (脳の情報処理のプロセス) の研究が進むにつれて,「特性としての知能」よりも「過程としての知能」に関心が移り, 新たなテストが開発されていきました。

認知過程論に基づいて作成された知能検査は, 認知発達のレベルのみならず, その子の得意分野・不得意分野を脳中枢の認知処理過程から分析することで, その子どもに合った最も適切な支援・指導 (発達支援, 学習指導の方向性, 就職支援等) を導くものへと変わりました。

現在の知能検査は, 検査結果と指導の間のギャップが少なくなり, より実際の指導・支援につながるものになってきているのです。

また, 検査の結果は, 教師や支援者が学校等での支援・指導に生かすだけでなく, 子ども自身や保護者が, 学習上・生活上のつまずきを改善する

ことに主体的に活用できることが大切だと考えられるようになってきました。**一定の条件が整えば，子どもと検査結果を共有して，子ども自身が主体的に学習上・生活上のつまずきを改善するのに役立てることも可能**になります。

このような支援が可能になれば，本人の自己理解が促進され，より自分に合った学び方を身につけ，行動上の困難をも改善しやすくなります。

子どもを取り巻く保護者や先生方が客観的な情報を共有することで，新しい角度からのアプローチを行ったり，子どもの情緒の安定に役立てたりすることが可能になります。そのための検査情報のフィードバック（保護者・本人・関係者へ検査者が検査結果を伝えること）の工夫については，第5章で紹介します。

③ 教育利用に最も適した知能検査
—— K-ABC と KABC-Ⅱ

知能検査の結果を学習の指導・支援にさらに役立てていくためには，子どもたちの学力（学習の達成度）についても情報が必要となります。

集団式の標準学力検査では，同一学年の子どもたちと比較して，その子の学力がどのレベルにあるかを知ることができます。また，その学年で学習する内容に対して，どの程度習得ができているかを知ることができます。ただし，その子の学習が，1学年以上遅れているという場合には，適用できません。このような場合，残念ながら日本では，その子がいったい何年生レベルの学力なのかを詳しく知る方法はなかったのです。

また，一般的な学力検査は教科別になっているため，学習全般に関連する「読む・書く・計算する」などの基礎的な学力がどの程度身についているかを知ることも叶わなかったのです。

そこで私たち（松原・藤田・前川・石隈）は，認知尺度のみならず，学

力の基礎をなす習得度を詳しく測定するために、1993年に日本版K-ABCを標準化しました。さらに、2013年には、日本版制作委員（藤田・石隈・青山・服部・熊谷・小野）により日本版KABC-Ⅱ（K-ABCの改訂版）を標準化しました（138ページ参照）。これらを総称して「カウフマン式知能検査」と呼んでいます。

　カウフマン式知能検査（K-ABCおよびKABC-Ⅱ）の尺度は二つあります。一つは、一般的な知能検査と同様に、子どもの認知面を測ることのできる認知尺度です。もう一つは、学習の基礎をなす学力（習得度）を測ることのできる習得尺度です。認知尺度と習得尺度が組み合わされた、ユニークな検査なのです。

　この二つの尺度から得られる情報を組み合わせることで、子どもの学習のつまずきが、認知の偏りによって起こっているのか、環境などその他の要因によって起こっているのかをアセスメントすることが、まず可能になります。

　そして、学習のつまずきが認知の偏りによって起こっている場合には、つまずきの原因と思われる弱い認知処理スタイルへの負担が少なく、強い認知処理スタイルを生かす指導を考えることで、子どもの認知処理スタイルに合った教育的支援を行うことが可能になります。

　子どもの認知処理スタイルのなかでも、特に、**基礎学力に大きな影響を与える「継次処理」と「同時処理」のパターンをアセスメントできることは、学習支援に大きく役立ち**ます。

　なお、個別式知能検査の変遷について、詳しく知りたい方は、次の文献を参照してください。藤田和弘（2017）「知能アセスメントの変遷とKABC-Ⅱ」『K-ABCアセスメント研究vol.19』p83〜86

COLUMN 1

果物にたとえた知能観
昔「りんご」,いま「みかん」

　知能観の昔といまを,果物の構造を例にして説明しましょう。

　昔の知能観は「りんご」,いまの知能観は「みかん」にたとえられます。りんごを包丁で切ると,中には同じ果肉が詰まっています。昔の考え方では,知能は単一の能力ととらえられていたため,中身より大きさが重視されました。りんごが大きいか小さいかを調べさえすれば,それは生涯を通じて変わらないという考え方です。

　いっぽう,みかんはサイズにかかわらず,皮をむくと中には複数の房が詰まっています。また,一つ一つを見ていくと,房の大きさが揃ったみかんもあれば,小さい房と大きい房が混ざったみかんもあります。

　近年の知能の考え方では,みかんの中身と同様に,一人の人間の知能は複数の房(能力)からなり,全体のサイズとともに,大きい房(能力が高く得意なもの)と小さい房(能力が低く不得意なもの)のバランスをみていくことが大切だととらえます。

　房の大きさにアンバランスがある場合,やみくもに小さな房を育てるのではなく,大きな房(長所)に着目してそれを活用した支援・指導をしていくことが大切です。

日本版 KABC-Ⅱ が測定する能力は7つなので(CHC モデルからみた場合),7つの房のみかんに例えることができます。

第2章

| 一つ一つの情報の
順序的処理 | 複数の情報の
全体的処理 |

継次処理スタイルと同時処理スタイル

二つの認知処理スタイルと
それに応じた指導方法

「認知処理スタイルには2パターンある」
というお話しをしてきました。
先生や保護者自身の認知処理スタイルと
子どもの認知処理スタイルが合わなければ，
ミスマッチが起こり，
「ほかの子に入る指導が，なぜこの子には入らないのかな？」
「順番どおりに説明しているのに，なぜできないのだろう？」
となってしまうのです。
しかし，先生と保護者が
認知処理スタイルについて正しく理解して，
子どもに合ったかかわり方をすれば，
子どもの学習のつまずきは徐々に解消されていきます。
本章では，
この二つの認知処理スタイルの基本的な知識と
認知処理スタイルを生かした長所活用型指導について
みていきましょう。

二つの認知処理スタイル

　「子どもたちにどのように教えたらよいのか」という，教育現場での指導方法に対する一つの考え方を提供してくれたのは，1960年代以降の認知心理学や神経心理学分野の研究による成果でした。
　このころになると，認知科学の発展とともに，脳のメカニズムが急速に解明されていきます。どのような情報に対して，どのような処理を行うとき，脳のはたらき（機能）とどのように関係してくるのかということが，詳細にわかるようになってきたのです。

❶ 学習にかかわる脳のはたらき

　学習にかかわる脳の機能は，神経心理学者のルリア（Luria,A.R.1902-1977）によると図2-1のように三つに大別されます。「プランニング」「符号化」「注意」です。
　また，のちにノーベル生理学・医学賞を受賞した神経心理学者のスペリー（Sperry,W.R.）による大脳半球機能化に関する研究，ルリアによる高次精神機能の神経心理学的モデルなどによって，「人間の認知処理スタイルには，継次処理スタイルと同時処理スタイルの2種類がある」ことがわかったのです。

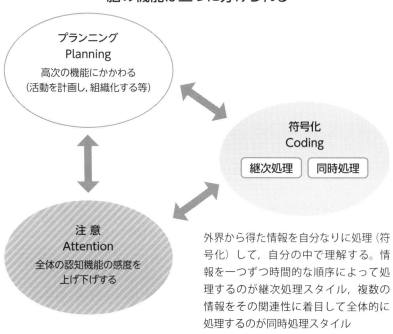

● 図2-1　ルリアーダスモデルよる脳の認知処理

藤田和弘監修(2015)『長所活用型指導で子どもが変わるpart 4』図書文化社，p12の図を改変

　これら三つの脳の機能のうち，継次処理と同時処理は「符号化（コーディング）」のプロセスにあたります。符号化とは，脳の大脳皮質にある後頭葉，側頭葉，頭頂葉の大きな部分で行われる活動で，「外界の刺激を自分なりに処理して理解する」はたらきのことです。

　私たち人間は，二つの認知処理スタイルのうち，自分の得意な認知処理スタイルを多く用いたり，状況に応じて使い分けたり組み合わせたりして，情報を処理しています。つまり，外界からの情報刺激を取り込み，脳の中枢で認知的に処理して出力する過程（※）には，個人差があるのです。

第2章 ● 継次処理スタイルと同時処理スタイル

　前述のように，特に発達障害のある子どもたちは，この二つの認知処理スタイルのアンバランスが著しく，得意（強い認知処理）と不得意（弱い認知処理）がはっきりしている場合が多いのです。そのため，その子の不得意な処理スタイルで先生が指導・支援をすると，理解をするのに時間がかかったり，許容量がオーバーして，うまく学習できないという状態になったりします。

　そこで，**継次処理が得意な子どもには継次処理的な指導方法を，同時処理が得意な子どもには，同時処理的な指導方法を，指導で使い分けることが大切**になるのです。

※「認知処理過程」とは，人が外界から情報をインプットし，脳の中枢でその情報を認知的に処理してアウトプットする一連のプロセスのこと。「認知処理スタイル」とは，このような認知処理過程における様式のことです。

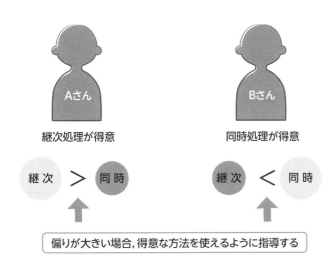

　次に，二つの認知処理スタイルについてみていきましょう。

❷ 継次処理スタイルと同時処理スタイル

　継次処理スタイルとは，一つ一つの情報を時間的な順序で処理していく様式で，刺激情報の順序性や系列性が重要な手がかりになります。次のような情報処理のプロセスを踏みます。

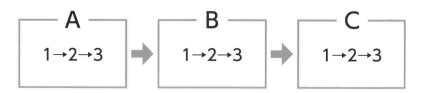

● 図2-2　継次処理モデル（前川，1995）

　いっぽう「同時処理スタイル」は，複数の情報をその関連性に着目して全体的に処理する様式です。このタイプの人は，まず全体を押さえて，複数の情報を関連づけて処理することが得意です。次のような情報処理のプロセスを踏みます。

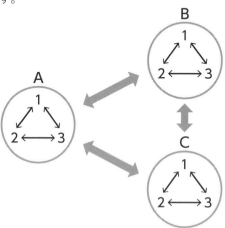

● 図2-3　同時処理モデル（前川，1995を改変）

継次処理が得意な（継次処理の能力が高く，同時処理の能力が低い）子どもは，連続的・段階的かつ順番に情報の部分を配列していくことで，課題を上手に解いていきます。そのため，学習や作業を行うときには，初めから順序立ててそのとおりに処理することを好みます。

例えば，「峠」という漢字を指導する際には，書き順を示しながら漢字の各パーツを練習し，それができるようになったら全体を練習するなど，段階を踏んで進めると理解しやすくなります。

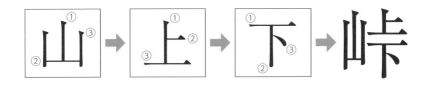

同時処理が得意な（同時処理の能力が高く，継次処理の能力が低い）子どもは，継次処理が得意な子どもとは反対に，「全体から部分へ」という方向を踏まえます。また，意味を手がかりに指導を行うと理解しやすくなります。

例えば，「峠」という漢字が，①三つの漢字から成っていること，③山の上り下りの境目が峠の意味を表していることに気づかせます。そして，筆順にはこだわらず，例えば「山」という漢字は真ん中の縦線が長く，両端の縦線が短いというように，空間や位置の関係で教えていきます。

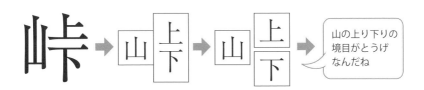

2 子どもの認知処理スタイルに応じた教師の指導方法

得意な認知処理スタイルを生かす指導方法

自分の認知スタイルを知り，学習プランを立てて習得を！

　学校の先生が指導する場合，多くの子どもは二つの認知処理スタイルのバランスがとれているので，学習課題が認知レベルに合ってさえいれば，どちらの指導方法を用いても問題はありません。仮に得意・不得意の差があっても，発達に伴って，子どもはより自分に適した方法を自分で選び取れるようになっていきます。

　ところが，発達障害のある子どもや学習につまずきを示す子どものなかには，継次処理と同時処理が顕著にアンバランスなケースがみられます。通常学級の中に，数人の割合でいると思われます。

　アンバランスのある子どもの場合は，その子どもに合わない指導方法を用いると，学習効果があがらないだけでなく，その課題に対する苦手意識がさらに強まり，学習意欲の低下を招きかねません。さらには二次障害として，意欲の喪失に起因するさまざまな不適応を起こす場合さえあるのです（34ページ参照）。

　先生や保護者が，いくら一生懸命に教えても，その子に合わない方法で教えていたら，それは逆効果になることもあるということです。

　そこで指導にあたっては，一人一人の子どもに対して，学習課題の難易

度を考慮するだけではなく，**その子どもの得意な認知処理スタイルにはたらきかける「長所指導型指導方法」を用いることが重要**になります（長所活用型指導については次節で説明します）。

　そして，子ども自身が自分の得意な認知処理スタイルに合致する学習方法について知り，やがては主体的に，自分なりに学習プランを立てて習得するようになる──これが私の願いであり，本書の目的でもあります。

3 認知処理スタイルを生かした長所活用型指導

1 短所改善型指導と長所活用型指導

　継次処理と同時処理の間に大きな差があるなど，得意・不得意の差が大きな子どものつまずきをサポートするには，二つの方法が考えられます。

> ①短所改善型指導方法 ──── 子どもが苦手な認知処理スタイルを底上げする方法
> ②長所活用型指導方法 ──── 子どもが得意とする認知処理スタイルを用いて指導する方法

(1) 短所改善型指導とは

　子どもの遅れている能力（認知処理スタイル）そのものの改善を図る方法を「短所改善型指導」といいます。発達的に遅れている面に働きかけて発達の改善を図ったり，劣っている能力そのものを高めたりするアプローチです。障害児教育やリハビリテーションの分野で，これまで行われてきた指導や訓練の方法のほとんどが，この短所改善型指導です。

　短所改善型指導は，一次的要因（障害）や二次的要因（環境）によって起こる発達の遅れや能力の低下，性格の偏りなどを，その子どもの長所を考

慮せずに，改善することを目的とするものです。

しかし，このアプローチだけでは，学習が行きづまることが少なくありません。とりわけ，発達障害児にみられる脳の機能不全に起因するアンバランスを，根源的に改善することはむずかしいからです。

弱い能力を改善するという考え方も，たしかに大切だと思います。苦手な認知処理スタイルを使うことが避けられない場合や，弱い能力を底上げするためにスモールステップで繰り返し練習が必要な場合もあるでしょう。

それでも，子どもの不得意な認知処理スタイルや能力にスポットをあてて，底上げするよう指導することは，非常に時間がかかり，子どもと指導者それぞれに忍耐が必要になるため，特に一次的要因による発達の遅れや偏りがある場合には，あまりおすすめできません。

(2) 長所活用型指導とは

長所活用型指導というと，「子どものよいところをほめて伸ばすやり方」だと思っている方が多いのですが，それとは意味合いが少し違います。ここでいう**長所活用型指導とは，「その子どもの長所を活用して，子どもがうまく学習できない知識や技能を習得させる指導法」**を指します。

長所活用型指導の提唱者の一人であるカウフマンは，子どもの認知処理スタイルを，継次処理優位タイプと同時処理優位タイプとバランスタイプに分け，「アンバランスがある場合は，その子どもの得意な認知処理スタイルに合った指導方法をとることが重要である」と述べています。

例えば，生活年齢8歳の書字困難な学習障害児で，継次処理が4歳レベル，同時処理が8歳レベルの場合，優れているほうの同時処理スタイルを活用して書字の指導を行うほうが効果的です。継次処理的な指導方法では4歳レベルの書字しか学習できませんが，同時処理的な指導方法では8歳レベルの書字が学習できることになるからです。

　「強い能力（認知処理スタイル）ばかりを使うと，弱い能力（認知処理スタイル）は置き去りにされるのでは」と心配される方がいるかもしれません。しかし，より大事なのは，苦手をなくすことよりも，目標とする学習内容や行動やスキルを子どもが身につけることです。

　長所活用型だからといって，弱い能力をまったく使わないでプログラムを組むというのは不可能ですが，子どもの苦手に配慮し，子どもの長所を活用する指導法によって，効率的に無理なく学習の効果をあげることができます。

　「長所活用型指導」は，多くの研究から，発達障害児など，認知処理スタイルのアンバランスにより学習につまずいている子どもの指導に効果的であると考えられ，本書でも推奨しています。

第2章 ● 継次処理スタイルと同時処理スタイル

五つの基本原則と
それを生かした指導例
（漢字の読み書き）

 得意な認知処理スタイルを生かした
指導方法の5原則とは

　では，子どもの得意な認知処理スタイルを生かす指導方法とはどのようなものか，その基本原則についてみてみましょう。

学習者
（子ども）

| 継次的学習を得意とする子 | 同時的学習を得意とする子 |

| 継次処理的指導方法を用いて教える | 同時処理的指導方法を用いて教える |

指導者
（教師）

〈5原則〉
1　段階的な教え方
2　部分から全体への方向性を
　　踏まえた教え方
3　順序性を踏まえた教え方
4　聴覚的・言語的手がかりの重視
5　時間的・分析的要因の重視

〈5原則〉
1　全体的な教え方
2　全体から部分への方向性を
　　踏まえた教え方
3　関連性を踏まえた教え方
4　視覚的・運動的手がかりの重視
5　空間的・統合的要因の重視

「得意な認知処理スタイルを生かした指導方法の5原則」を使った指導とは，具体的にどのようなものなのか，ここでは，「指導の展開例」（図）をもとに，同じ漢字（日，田，山，石，川）の読みと書きの指導を例にあげて，一つずつひもといていきます。

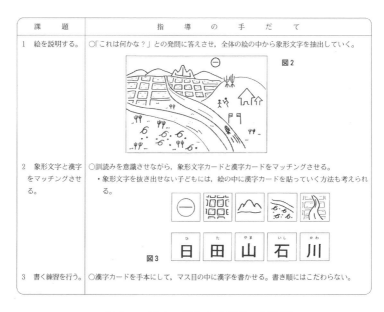

●図2-4　漢字の読み書き指導の展開例

牧洋子著，藤田和弘他編著（1998）『長所活用型指導で子どもが変わる』図書文化社，p81を引用

● 表2-1　指導方法の5原則

継次型指導方法	同時型指導方法
1　段階的な教え方 いくつかの指導ステップを経て指導のねらいに到達するように教える方法。やり方を説明する際には，時間の流れを段階ごとに示し，一つの段階から次の段階に行くまでのつまずきをなくすためにスモールステップ化し，活動を具体的に示す。	1　全体的な教え方 指導のねらいの本質的な面を含む課題を，全体として指導の最初から提示して指導を進める方法。行うことや使うものの全体を最初に示して，大まかにどんなことをやるのかを示し，理解させたうえで教える。
2　部分から全体へ 注目させたい内容を，初めは部分的（小さな要素）に提示し，徐々に全体へと広げていく教え方。	2　全体から部分へ 注目させたい内容を，初めから一つのまとまりとして提示し，全体をとらえさせてから部分的要素に着目させる教え方。
3　順序性を踏まえた教え方 1，2，3，4，5……と番号順に，あるいは左から右へ，上から下へと，順序性を際立たせる教え方。	3　関連性を踏まえた教え方 提示された複数の学習内容の関連性に着目させる方法。初めの状態がどうなっていて最後にどうなるのかなど，目的となる点や注目すべき点を際立たせる教え方。
4　聴覚的・言語的手がかり 聞かせたり，読ませたり，言わせたりすること（言語化）を重視する教え方。	4　視覚的・運動的手がかり 見せること（視覚化）や動作すること（動作化）を重視する教え方。
5　時間的・分析的 時間的な手がかりや分析的な手法を用いる。時間経過に従ってステップをいくつかの段階に分け，それぞれのステップをさらに細かく示す教え方。	5　空間的・統合的 空間的な手がかりを用いたり，統合的な手法で課題解決を図る教え方。空間関係を把握しやすいように図示したり，複数の情報の関連性に着目して相互に関連をもつ（統合できる）ようなまとまりをつくる教え方。

青山真二著，藤田和弘他編著（1998）『長所活用型指導で子どもが変わる』図書文化社，p29，熊谷恵子著，藤田和弘監修（2015）『長所活用型指導で子どもが変わるPart 4』図書文化社，p 15-19をもとに作成

② 継次処理スタイルを生かす指導方法の具体例

① 段階的な教え方

いくつかの指導ステップを経て指導のねらいに到達するように段階的に教える方法です。右のように，本来の山の形から山という漢字になるまでのステップを段階的に示す方法がそれにあたります。

② 部分から全体への方向性を踏まえた教え方

注目させたいものを，初めは部分的に提示し，徐々に全体へ広げていく教え方です。図2-4の指導例には当てはまりませんが，例えば，「山」と「石」を学習したのち，「岩」という字を教える場合，最初に山を，次に石を提示し，最後に岩を提示するといった教え方がこれにあたります。

③ 順序性を踏まえた教え方

1, 2, 3, 4, 5……と順序に従って教えていく方法です。この例でいうと，まず画数が少なく単純な漢字から画数が多く複雑な漢字へと並べます（右図）。最初は川という字を教え，矢印の順に3画の漢字，4画の漢字，5画の漢字を教え，最後に石という漢字を教えます。その際，一つ一つの漢字は筆順に従って教えていきます。

```
画数少 ──→ 画数多
 ①  ②  ③  ④  ⑤
 川→山→日→田→石
```

④ 聴覚的・言語的手がかりを重視し有効に活用

この例では、「川」という漢字を教える場合、次のように言語で教示し、必要があれば本人にも同じように言語化させながら書かせます。「①最初は左側に縦の線を書きます。②次にその右側を少しあけて、縦に短い線を書きます。③最後にその右側を少しあけて一番左側の線と同じ長さの線を書きます」。このほかにも、書字学習で言語化する際のキーワードとして、「とめる」「はねる」「まげる」「むすぶ」などがあります。また、文字書き歌に合わせて見本の文字をなぞらせる方法もこれに当たります。

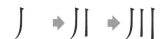

⑤ 時間的・分析的要因を重視し、有効に活用

時間的な手がかりや分析的な手法による指導の進め方です。

時間的というのは、同時処理の場合のように、五つの漢字すべてを同時に教えるのではなく、画数の少ないものから画数の多いむずかしいものへと時間的経過を追って指導することです。

また、分析的とは、一つ一つの漢字を書き順に基づいて一画、二画、三画というように細かい部分に分析して指導するということです。

❸ 同時処理スタイルを生かす指導方法の具体例

① 全体を踏まえた教え方

指導のねらいの本質的な面を含む課題を，全体として指導の最初から提示して指導を進めます。この例では，5種類の漢字の読み書き課題がこの絵の中に全体として組み込まれているので，この絵を提示することから指導を開始します。

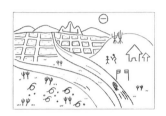

② 全体から部分への方向性を踏まえた教え方

学習させたい内容を一つのまとまりとして初めから一度に提示し，全体をとらえさせてから部分に着目させ，全体→部分という方向性に従って指導を進めていく方法です。この例では絵全体を最初に提示し，次にその絵を構成する部分に着目させ，絵全体からその中の一部の絵というように，全体から部分への方向性を踏まえた指導法が用いられています。

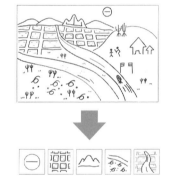

③ 関連性を踏まえた教え方

提示された複数の学習内容の関連性に着目させる方法です。この例では，日，田，山，石，川という漢字が個々別々に取り扱われるのではなく，一つの絵全体を構成する部分として関連づけています。

また，右図の「日」，「田」のように，絵の形（絵カード）と漢字（漢字カード）の対応関係を象形文字の由来からわかりやすく提示しています。

絵カード

漢字カード

④ 視覚的・運動的手がかりを重視し有効に活用

この例では，山村の風景という全体の絵と象形文字カードを視覚的手がかりとして教えます。

絵の中に漢字カードを貼るという運動的手がかりを用いたり，絵を見てマス目の中に漢字を書かせたりすることも教え方の一つです。

絵の中に漢字カードを貼る

⑤ 空間的・統合的要因を重視し有効に活用

空間的な手がかりを用いたり，統合的な手法による指導の進め方です。

この例では，全体の絵を見る，その中から部分の絵を抽出する，象形文字カードと漢字カードのマッチングを行うなど，空間的手がかりを用いた統合的な手法を用いています。

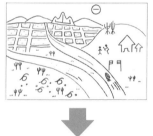

④ 得意な認知処理スタイルを生かした指導方法の基本

　ここまで見てきたように，五つの基本原則を踏まえて，継次処理が得意な子どもには継次処理的指導方法，同時処理が得意な子どもには同時処理的指導方法をとるというのが指導の基本です。しかし，五つの原則は理論上のことであり，実際の指導をすべてはっきりと5原則に区別できるわけではありません。

　そこで，五つの基本原則をさらに端的にまとめると，次表のようになります。

● 表2-2　得意な認知処理スタイルを生かした指導方法の基本

継次処理的指導方法	同時処理的指導方法
①段階的な教え方，部分から全体へという方向性を踏まえた教え方，順序性を踏まえた教え方が基本。	①全体を踏まえた教え方，全体から部分へという方向性を踏まえた教え方，関連性を踏まえた教え方が基本。
②聴覚的・言語的手がかりを重視したり，時間的・分析的要因を考慮するなどして，それらを適切に活用する。	②視覚的・運動的手がかりを重視したり，空間的・統合的要因を考慮するなどし，それらを適切に活用する。

　表2-2の②については，「聴覚的・言語的＝継次処理」「視覚的・運動的＝同時処理」というぐあいに，明確に区別できるわけではありませんが，聴覚から入る情報や言語で話される情報は，時間的に一つずつの音や言語の情報として脳内で順序的に処理されるため，継次処理に多く負荷がかかります。

　ですから，継次処理が得意な子どもに対して「聴覚的・言語的な手がかり」を使うほうが，だいたいにおいて処理がしやすいのです。

　いっぽう，視覚から入る情報や運動を通して身体で表現される情報では，一度に複数の情報が見えたり，一度に複数の身体の部位を動かしたりするため，同時処理に多く負荷がかかります。そのため，同時処理が得意な子

どもに「視覚的・運動的な手がかり」を使うほうが，だいたいにおいて処理しやすいということです。

なお，学習課題が複雑になるほど，どちらかの処理だけを使うということは少なくなり，同時処理と継次処理の両方を適切に使う必要が出てきます。

また，本書では詳しくふれませんが，学齢があがるにつれ，継次処理・同時処理の能力とあわせて，より複雑な認知処理を行うための能力も必要になってきます。

例えば，学習で重要になる要素の一つに「記憶する能力」があります。これは，新しいことを覚えること（記銘），②覚えたことを頭の中に残すこと（保持），③保持したことを思い出すこと（想起）の三つのはたらきがあります。また，数秒以内にこれらを行う短期記憶とそれ以上の時間がたっても長く覚えていられる長期記憶があります。

子どもは，短期記憶により覚えたものを，長期記憶にしっかりとどめておくことにより，いろいろな事柄を知識として身につけていくのです。KABC-Ⅱ（138ページ参照）では，学習尺度により，こうした記銘→保持→想起という記憶のはたらきを調べることができますし，短期記憶と比較して長期記憶が強いか弱いかを調べることができます。

もう一つ，学習で重要になる要素に「計画能力」があります。

この能力は，例えば，活動の目標を決めたり，課題を解決するためのプランや方法を見つけてそれを使ったり，解答が合っているか確かめたり（モニタリング），より効果的に課題を整理するためにプランや方法を修正する，といった能力です。KABC-Ⅱでは，計画尺度により，こうした高度なプランニング（計画化）のはたらきを調べることができます。

資料1 認知処理スタイルと学習方法の関係

1. 学習方法(学習の仕方・覚え方)と認知処理スタイル

以下に,学習方法(学習の仕方・覚え方)の代表的なものを紹介します。(ワインスタインら,1986を改変)。

学習方法のタイプ	具体的方法
(1)リハーサル (繰り返し)	記憶材料の提示後にそれを見ないで繰り返すこと。例:逐語的に反復する,模写する,ノートに書く,下線を引く,明暗をつけるなど。
(2)精緻化 (意味づける)	イメージや既知の知識を加えることによって,学習材料を覚えやすい形に変換し,本人の認知構造に関係づける操作。例:イメージあるいは文をつくる,言いかえる,要約する,質問する,ノートをとる,類推する,記憶術を用いるなど。
(3)体制化 (まとめる)	学習の際,学習材料の各要素がバラバラでなく,全体として相互に関連をもつようにまとまりをつくること。例:グループに分ける,順々に並べる,図表を作る,概括する,階層化する。
(4)理解モニタリング (チェックする)	学習者が自らの授業の単元あるいは活動に対する目標を確立し,その達成程度を評価し,修正する等をよりよく行うための活動。例:失敗をチェックする,自問する,一貫性をチェックする,再読する,言いかえるなど。

上記の学習方法と認知処理スタイルとの関係を大まかに考えるならば,継次処理スタイル優位の子どもにはリハーサル方法,同時処理スタイル

優位の子どもには精緻化方法と体制化方法が向いているといえます。

(1) リハーサル (繰り返し)

① リハーサルの種類

ア：単純な繰り返し（維持リハーサル）──機械的に反復を繰り返す方法。短期記憶には役立ちますが長期記憶の保持には効果がありません。

イ：意味を考えながらの繰り返し（精緻化リハーサル）──情報の意味を考えながら情報を繰り返し、短期記憶から長期記憶へ情報を送りこむ。

継次処理優位の子どもには維持リハーサルを用いることができますが、同時処理優位の子どもは、情報の順番に基づく事柄を記憶することにつまずきを示すため、精緻化リハーサルを用いないと効をなしません。

② リハーサルの方法

以下のような方法のうち、継次処理型の子どもはアとイ、同時処理型の子どもはウとエが向いています。ただし、ノートテイク（ウ）や下線引き（エ）は、やり方によっては機械的反復になってしまうので、同時処理型の子どもに対しては、意味を考えさせながら学習を行う工夫が必要です。

ア：暗唱──声を出して繰り返す方法と声を出さないで繰り返す。

イ：模写──学習材料（文章など）をそのまま手書きで書きとる。

ウ：ノートテイク──重要な文をノートに書きとる。

エ：下線引き、マーク付け──重要な文に下線やマーカーで印を付ける。

(2) 精緻化 (意味づける)

意味を用いて記憶を強化する方法です。英単語を既知の単語や似た単語と関連づけながら覚えたり、例文を読んだり自分で作ったりしながら覚えます。同時処理優位の子どもには、自分が覚えやすい言葉に用語を置きかえる、具体例を用いる、結末から類推するなどの精緻化方法が有効だと考えられます。

① **精緻化の方法**

ア：想像する（イメージ化）――イメージ（心像）を積極的に活用する方法です。例えば，dogという単語を覚える際，頭の中に犬を思い浮かべる，といったことです。

イ：文を作る（言語的符号化）――イメージ化を用いることがむずかしい場合に特に効果があります。例えば，「犬─自転車」という組み合わせを覚えたいときに，「犬が自転車に乗る」と文を作ることで覚えます。

ウ：キーワードを手がかりにする（キーワード法）――例えば，ranid（カエル）という新しい英単語を覚える際に，すでに覚えている単語で似た音をもつrainをキーワードにします。次に，「カエルは水が好きだから雨が好き」というように，キーワードを新しい単語の意味に結びつけます。頭の中では，「雨の中のカエル」をイメージします。こうして，「ranidはどんな意味？ rainに似た音だ。雨の中のカエルのイメージを覚えているぞ。そう，ranidはカエルだ！」と，新しい単語を引き出します。

エ：ノートテイキング――書いている内容の意味や関連を意識しながら，授業のノートをとったりノートにまとめたりする方法です。ただし，学習に困難がある子どもは，書字が苦手だったり，ノートを書くことに苦手意識を強くもっている場合があるので，子どもが書くことに負担を感じず，楽しく学習できる工夫を考えることが大切です。

オ：記憶術――例えば，以下のようなものがあります。「学習すべき項目を自分が知っている場所や位置に結びつけて覚える」「リズムをつけて覚える」「学習する各項目の最初の文字をとり，つなげて一つの単語を作る（例：政治・経済⇒政経）」「文章の単語が学習すべき各項目の最初の文字で始まるように文章を作る（例：なくよ〔794〕うぐいす平安京）」

(3)体制化(まとめる)

　同時処理スタイルの子どもは，学習材料をグループ分けしたり，学習内容を図や表にして表すなどの体制化方法が効果的と思われます。

　ア：グループをつくる(群化)──何らかの規則に基づいてグループにまとめることにより，記憶が促進されます。同じカテゴリーに属するものをまとめて記憶したり，連想によって覚えたり，学習者が自分の好きな方法で学習材料をまとめる，などの方法があります。

　イ：簡潔に表す(概略化)──概要にまとめることです。見出し，小見出しというようにおもな点についてキーワードを用いて短縮化する方法や，学習材料をいろいろな部分に分け，部分とつなぎ(リンク)によって全体の関係性を表すネットワーク化などの方法があります。

(4)理解モニタリング(チェックする)

　モニタリングとは，子どもが自ら作業の単元あるいは活動に対する目標を確認し，それらの達成された程度を評価して，また必要であれば目標達成するために用いた方法を修正する一連の過程のことをいいます。より複雑で高度な方法であるため，継次処理や同時処理といった認知処理スタイルとの関係を単純に対応づけられるものではありません。次に説明するメタ認知と密接に関係しています。また，KABC-Ⅱの認知尺度のうち，計画尺度と密接な関係があります。

　詳細は，藤田和弘(2019)「指導方略と学習方略──KABC-Ⅱアセスメントと関連づけて」『K-ABCアセスメント研究vol.21』p15-24を参照ください。

2. メタ認知とその発達的変化

　メタ認知とは，「認知についての認知」つまり自分自身の認知過程につい

て認知することです。認知とは，知覚，記憶，思考などを含む子どもの学習にかかわる知的活動全般をさします（学力や習得度は含まれない）。自分の認知のレベルや認知過程を自ら客観的にみたり，自分に適した学習方法を自覚し活用したりすることが重要です。メタ認知に含まれるスキルには，以下があげられます。

①自分自身の学習と記憶の能力について，どんな課題が実際に達成できているかについて気づくこと。
②効果的な学習方法と効果的ではない学習方法を知ること。
③成功すると思われる学習課題への取り組み方を計画すること。
④効果的な学習方法を用いること。
⑤自分の現在の知識の状態をモニターすること（どんなときに情報がうまく学習されるか，あるいはされていないのかを知る）。
⑥以前に使用した情報を想起するための効果的な方法を知ること。

メタ認知の発達的変化

①**就学前くらいまで**——メタ認知未発達の段階。他者から教えられた方法を使用することは可能ですが，自発的には使用できません。
②**小学校低学年くらいまで**——方法の自発的使用の出現がみられる段階。さまざまな学習方法を獲得し，効率的に使用できるようになる準備が整います。
③**小学校中学年以降**——方法を自発的に使用できるようになる段階。ほとんどの子どもが，方法の自発的使用が可能となります。学習方法の質的改善がなされ，それをより効率的かつ自発的に利用できます。

第3章

認知処理スタイルを生かした通常学級での指導の実際

ここまで読まれて
「継次処理・同時処理という二つの認知処理スタイルが
あるのはわかったけれど,
では,どうしたら通常学級の指導に生かせるの?」
と思われた先生は多いのではないでしょうか。
実際のところ,認知処理スタイルを理解し,
通常学級で支援・指導に生かしていらっしゃる先生は
まだ多くないのが現状です。
しかし,最近では文部科学省の『学習指導要領』についての資料にも,
認知処理スタイルの用語が使われはじめ,
本章でご紹介する東京都教職員研修センターでも,
継次処理・同時処理の認知処理スタイルを生かした
通常学級での指導の研究が進められています。
本章では,
まず,認知処理スタイルを意識して授業を行うことの重要性にふれ,
次に,通常学級での認知処理スタイルを生かした
支援・指導について,実践例をご紹介します。
これらを参考に,
読者の先生方に研究・実践を進めていただけましたら幸いです。

第3章 ● 認知処理スタイルを生かした通常学級での指導の実際

認知処理スタイルを
通常学級の授業で生かすために

　以前は小学校の通常学級の担任をしていて，現在は特別支援学級で教えている先生が，こんなお話をしてくださいました。
　「指導内容をスモールステップに分け，一つずつ順を追って教えることは，だれにでもわかりやすい指導法だと思っていました。しかしいま思えば，この指導が入りにくい子どもがいました。
　例えば低学年の図工では，教師が制作工程を示し，それにそって仕上げていくことが多いのですが，なかには自分なりの進め方をしようとする子どもがいました。それに対して私は，これがわかりやすいはずだという思いと，自由に動かれては収拾がつかなくなるという不安から，あくまで教師の指示どおりに進めるよう指導していました。
　その後，経験を積む中で，取り組み方を本人に任せたほうが，意欲的にそしてスムーズに取り組める子どもがいることがわかってきました。そういう子どもは，見本と材料を示し，ポイントを示してあげると，自分なりに手順を組み立てられるのです。手順を強制すると，意欲をなくしたり，かえってうまくいかない場合があることもわかりました。
　現在は特別支援学級に移り，このような子どもの違いが，継次処理・同時処理という認知スタイルの違いによるものだということを知りました。それがわかってからは，子どものやりやすさを優先して指導法を選べるようになり，理論的背景を得たことで，指導に自信がもてるようになりました」

まずは，二つの認知処理スタイルを意識した授業を！

継次処理・同時処理という概念は知らなくても，先生方は，二つの認知処理スタイルを，日常的に「無意識に」使い分けていることが多いのではないでしょうか。ですから，それを意識するようにしていただくだけでも，両者のバランスがとれた適切な指導を行うことができるようになると思います。その証拠に，先生方が「経験的に」うまくいく指導として行ってきたものには，以下の図に示すように，二つの認知処理スタイルの両方に配慮したものが多いのです。

まずは自分の教え方が，二つの認知スタイルのどちらにあてはまるかを「意識」することから，スタートしてみてください。

教科全般

授業の導入部では，順を追って話をする（継次処理）前に，「これは〜の話です」などと，まず全体のイメージをもたせる（同時処理）。

第3章 ● 認知処理スタイルを生かした通常学級での指導の実際

[図工]

絵を描くときの指導では，部分から描くこと（継次）も，おおざっぱに全体から描くこと（同時）も認め，手順を強制しない。

部分から書く
（継次）

全体から書く
（同時）

[体育]

振り付けを教えるとき，最初は手本を見せながら通しで行い（同時），その後に部分ごとに練習していく（継次）。

全体像を見せる
（同時）

部分練習をする
（継次）

[行事]

行事の予定表を配るとともに（継次），目的やイメージが伝わる写真や映像を見せる（同時）。

手順を示す
（継次）

イメージを示す
（同時）

77

先生ご自身が授業にどのような指導方法を用いているか，下表でチェックしてみましょう。継次処理・同時処理，どちらかに偏っている場合は，チェックがあまりつかなかった認知処理スタイルを意識して授業を行ってみてください。

● 表3-1　長所活用型指導のための支援指針チェックリスト

継次処理型指導方法	評価	同時処理型指導方法	評価
1　段階的な教え方 ・スモールステップ化されているか。 ・具体的活動レベルが順を追って示されているか。		1　全体的な教え方 ・概略化されているか。 ・一度で全体がわかるように工夫されているか。	
2　部分から全体への方向性を踏まえた教え方 ・小さな要素から大きな要素（全体）への指導の流れが明確になっているか。		2　全体から部分への方向性を踏まえた教え方 ・全体から始め，小さい部分的な要素への指導の流れが明確になっているか。	
3　順序性を踏まえた教え方 ・左から右へ，上から下への流れがすっきりとわかりやすくなっているか。 ・短冊を一列に並べる，矢印を入れる，番号をふるなどの工夫があるか。		3　関連性を踏まえた教え方 ・初めと最後の状態がわかりやすく示してあるか。 ・学習内容がカテゴリー化され，カテゴリー間の関連性が明確か。	
4　聴覚的・言語的手がかりの重視 ・聞かせたり言わせたり（言語化）する内容があり，それが適切か。		4　視覚的・運動的手がかりの重視 ・見せたり動作化したりする内容があり，それが適切か。	
5　時間的・分析的要因の重視 ・時間経過にそっているか。 ・分析的視点が入っているか。		5　空間的・統合的要因の重視 ・二次元空間など，空間に情報を配置しているか。 ・関係性を概略的・統合的に示しているか。	

熊谷恵子著，藤田和弘監修 (2016)『長所活用型指導で子どもが変わるpart5』図書文化社，p26より（同時処理の項目3を一部改変）

第3章 ●認知処理スタイルを生かした通常学級での指導の実際

認知処理スタイルの特性を生かした通常学級での指導の実際

　認知処理スタイルの特性を生かした指導について，具体的な事例と実践例を紹介します。

（1）『長所活用型指導で子どもが変わる』シリーズより事例紹介

　『長所活用型指導で子どもが変わる』シリーズは，現在5編あります。その中から，特徴のわかりやすい指導内容を三つ紹介します。

（2）通常学級での実践例の紹介

　小学校の通常学級で，個々の子どもたちの認知処理スタイルに着目し，認知処理スタイルに配慮した研究授業を実施した中野正映先生（山口県）の実践です。本書では，その中から，小学校3学年の学級で行った算数科「表とグラフ」と体育科の「とびばこあそび」について紹介します。学習方法を子ども自身に選ばせることで，一斉授業でも子どもの認知処理スタイルに応じた指導が可能になります。

（3）東京都教職員研修センターの研究報告書の紹介

　「基礎的・基本的な知識・技能を確実に習得させる指導の工夫」という東京都教職員研修センターの教育課題研究の中で，認知処理スタイルに配慮した指導法，指導事例が開発されています。一部抜粋して紹介します。

　「継次処理・同時処理」という用語は，徐々に普及されてきています。この二つの認知スタイルを生かした通常学級での指導の研究が，ますます推進されることを願っています。

1 継次と同時　二つの指導案の対比
―― 『長所活用型指導で子どもが変わる』シリーズより ――

　ここでは，継次型指導方法を用いた実際，同時型指導方法を用いた実際，それぞれの特徴がわかりやすいように，二つの指導案を並べて比較します（詳しくは，『長所活用型指導で子どもが変わる』シリーズをご覧ください）。
　ここでもう一度，指導方法の5原則を押さえておきましょう。

● 表3-2　指導方法の5原則

継次処理が得意な子への指導方法	同時処理が得意な子への指導方法
1　段階的な教え方	1　全体的な教え方
2　部分から全体への方向性を踏まえた教え方	2　全体から部分への方向性を踏まえた教え方
3　順序性を踏まえた教え方	3　関連性を踏まえた教え方
4　聴覚的・言語的手がかりの重視	4　視覚的・運動的手がかりの重視
5　時間的・分析的要因の重視	5　空間的・統合的要因の重視

　5原則は厳密に区別できるものではないので，一つの学習内容に関して一つの原則をあてはめて用いるというものではなく，たいていはいくつも重複して用いることになります。ここでは，継次と同時の特徴がわかりやすい例を三つ紹介します。

① 「入園式・卒園式にスムーズに参加する」
　行事では，子どもたちが行動に迷ったり，間違えたりしないよう，認知

処理スタイルに合わせた指導を行うことが大切です。
　継次処理が得意な子ども向けには，式のスケジュールを時間の流れにそって順番に，段階ごとに示し，一つの段階から次の段階へいくまでに子どものつまずきそうな状態をなるべくなくすためにスモールステップ化し，行動を具体的に示します。同時処理が得意な子ども向けには，園内をどのように通るのか，場所と動線を明らかにして，式でどのようなことをするのか，大まかに説明します。

②「折り紙で財布を折る」
　折り紙での作品作りは，継次・同時の特徴がわかりやすい事例です。継次処理が得意な子どもは，段階的な教え方で，順序性を踏まえた指導方法をとり，「角と角はぴったり合わせましょう」などと，具体的な言葉で教えると，わかりやすくなります。同時処理が得意な子どもは，最初に見本の完成品を渡してまず全体を見せて観察させ，それを分解して，どのように折られているか理解させてから，再度，試行錯誤しながら組み立てる，という手順がやりやすいと思います。図画工作・美術でも，この指導法は応用できます。

③「漢字を書く」
　字の読み書きは学習の基礎となるため，個々の子どもの得意な認知処理スタイルで，しっかりと身につけさせたいものです。
　漢字を書く指導については，60ページでも説明しましたが，継次処理が得意な子どもは，たて線・よこ線を書く，まげる，とめるなど，言語化して書き順で教える方法が効果的でしょう。同時処理が得意な子どもは，全体をへんやつくりに分け，部首や漢字が表している意味，類似の漢字の関連性などを重視した指導を行うと理解しやすくなります。

幼・保 入園式・卒園式にスムーズに参加する

継次処理が得意な子ども向けの指導例

内容 スケジュールにそって式に参加する
場面 個別の場面
教材 時間の流れにそったスケジュール表

- ✓ 段階的な教え方
- ✓ 部分から全体へ
- ✓ 順序性の重視
- □ 聴覚的・言語的手がかり
- ✓ 時間的・分析的

ポイント
①細かなスケジュールを示しておき，一緒に確認することで見通しをもたせる。
②会場を先に見せ，時間の順番に従って保護者の場所を知らせておく。

① **スケジュールを伝える**

当日の予定を理解させる。式のプログラムや，自分が通る道順，座席の場所などを細やかに知らせる。

② **自分のすることを確認する**
・登園したら「ぞうぐみ」の部屋に入ることをスケジュール表の絵を見せながら言葉で説明する。
・式の前にトイレにいくタイミングがあること，式の時間などの見通しをもたせる。

③ **会場での場所を確認する**
・座席に着席するまでの道順や証書を受け取る際の道順を実際に通って確認させる。
・保護者の居場所もわかるようにしておく。

第3章 ● 認知処理スタイルを生かした通常学級での指導の実際

> **解説** 式の練習段階から，継次処理が得意な子どもには，「式の中で自分がどのように行動することが求められているか」を具体的に一つずつ時系列にそって示してから，当日までの見通しをもたせます。同時処理が得意な子どもには，写真や映像を使って式そのもののイメージをつかませてから，一つ一つの内容について知らせていく方法がよいでしょう。

同時処理が得意な子ども向けの指導例

- **内容** 式の雰囲気をつかんで参加する
- **場面** 個別の場面
- **教材** 会場の全体図，式のイメージがわかる写真

ポイント
① 前年度の写真やビデオなどの視覚的手がかりを用いて，式全体のイメージをもたせる。
② 会場全体図から，どのように行動すればよいかのポイントをつかませる。

- ☑ 全体を踏まえた教え方
- ☐ 全体から部分へ
- ☐ 関連性の重視
- ☑ 視覚的・運動的手がかり
- ☑ 空間的・統合的

① **前年度の会場写真やビデオを見る**

② **会場の全体図を見て，行動のポイントを理解する**

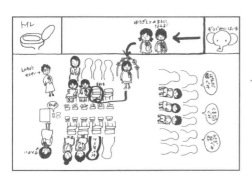

少しずつ視覚支援を減らし，最後には視覚支援がなくても参加できることをめざす。

③ **図を思い出しながら式の練習に参加する**

米田順子著，藤田和弘監修 (2015)『長所活用型指導で子どもが変わるPart 4』図書文化社，p144-145を引用

折り紙で財布を作る

継次処理が得意な子ども向けの指導例

内容 手順にそって保育者と一緒に折り，だんだん一人で作成できるようにする

場面 クラス全体の中での個人作業

教材 折り紙（保育者用の大きいサイズも用意）

ポイント
①折り紙の折り方を，基本から順に教える。
②デモンストレーションで理解を助けながら，折り方を言語で伝えていく。

- ✔ 段階的な教え方
- ☐ 部分から全体へ
- ✔ 順序性の重視
- ✔ 聴覚的・言語的手がかり
- ☐ 時間的・分析的

① **基本の折り方を練習する**
 ・「財布」の折り紙工作を行うことを伝える。
 ・折り紙の基本をデモンストレーションしながら教える。
「角同士を合わせる」「折り目をしっかり付ける」など。

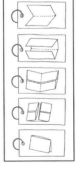

② **保育者と一緒に折る**
 ・手順を一つ一つ区切って，わかりやすく言語化する。
 ①半分に折って折り節を付ける。
 ②折り節に合わせて上下に折る。
 ③左右を合わせて半分に折り，折り節を付ける。
 ④裏返して左右に折る。
 ⑤上下半分に折る（ひらひらを内側に）。

③ **手順を思い出しながら一人で折る**
 ・手順を思い出せないときは，保育者が折り方を教える。

④ **援助なしに自力で完成させる**

第3章 ● 認知処理スタイルを生かした通常学級での指導の実際

> **解説** 行事や買い物ごっこにも利用できる財布の折り方を題材にします。折り紙は折る順序を理解しないことには，上手に折れません。継次処理が得意な子どもには，手順を一つ一つ区切ってわかりやすく言葉で伝えて教えます。同時処理が得意な子どもには，完成品を渡して分解しながら再度組み立てていく方法が，試行錯誤しながら楽しめるでしょう。

同時処理が得意な子ども向けの指導例

内容 完成品を分解することで，組み立て方に気づき，自分で折れるようになる
場面 クラス全体の中での個人作業
教材 折り紙の「財布」完成品，新しい折り紙

ポイント
①完成品を分解することで，どのように折られているのかを理解させる。
②完成品をイメージしながら組み立てさせる。

- ☐ 全体を踏まえた教え方
- ☑ 全体から部分へ
- ☐ 関連性の重視
- ☑ 視覚的・運動的手がかり
- ☑ 空間的・統合的

① 作品を分解して，財布の形に戻るか試行錯誤させる
・あらかじめ作っておいた「財布」を子どもに渡して，よく見たあとに分解させる（開かせる）。

② 折り目をヒントに，自分で組み立てる
・組み立て直せたら，もう一度開かせて再度折らせ，手順を覚えさせる。
・手順がわからない場合は，途中まで折ってあげて，続きを完成させる。

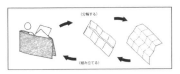

> 口頭での援助に加え，折り方の図解を模造紙に描いておいたり，途中まで折ったものを見せたりして参考にさせる。

③ 折り目のない新しい折り紙で作成する
・新しい折り紙を配り，手順を思い出しながら完成させる

小林玄著，藤田和弘監修（2015）『長所活用型指導で子どもが変わるPart 4』図書文化社，p82-83を引用

漢字を書く 小学校(低学年)

継次処理が得意な子ども向けの指導例

内容 書き順カード，部首カードを使って，漢字の形を覚え，漢字を書く。個別の場面

教材 書き順カード（図1），透明の書き順カード（図2），漢字カード（図3）

- ☐ 段階的な教え方
- ☑ 部分から全体へ
- ☑ 順序性の重視
- ☑ 聴覚的・言語的手がかり
- ☐ 時間的・分析的

ポイント
① 「1よこ」「2たて」などと書き順を強調するとともに，書くときの運動の方向を聴覚的・言語的な手がかりによって覚えやすくする。
② 漢字を部分ごとに分けて提示し，構成要素を明確にする。

① 画数の少ない漢字を書く

書き順カード（図1）を1枚ずつ見せ，「1よこ」「2たて」と書き順と書くときの運動の方向を言語化させながら書き取り練習をさせる。カードを順番に重ねると漢字ができるカード（図2）を使ってから書き取りをさせる方法も。

図1 書き順カード

図2 透明の書き順カード

② 画数の多い漢字を書く

- むずかしい構成の漢字は，最初から漢字全体を見せず，図3のような漢字カードを使い，漢字を構成している部分を明確に示す。

日（おひさま）＋ 青（あおぞら）＝ 晴（はれ）　図3

- 部首の組み合わせを「晴れという漢字は，お日さまの横に青を書く」「花という漢字は，草の下にイヒを書く」などと，書くものと書く位置がはっきりわかるよう言語化させながら，漢字の書き取り練習をさせる。

第3章 ●認知処理スタイルを生かした通常学級での指導の実際

> **解説** 継次処理が得意な子は、「たて、よこ、ななめ、とめる」など、言語化して書き順で教えます。むずかしい漢字はへんとつくりに分け、へんから書かせます。同時処理が得意な子は、部首や漢字が表している意味、似ている漢字の関連性などを重視した指導を行うと理解しやすいでしょう。

同時処理が得意な子ども向けの指導例

内容 漢字の形を意味づけしながら覚えて書く
教材 漢字絵カード（図4）、漢字学習プリント（図5）、漢字カード（図6,7）

- ☐ 全体を踏まえた教え方
- ☑ 全体から部分へ
- ☑ 関連性の重視
- ☑ 視覚的・運動的手がかり
- ☐ 空間的・統合的

ポイント
絵カードを使って漢字のもつ意味の理解を図るとともに、視覚的な手がかりによって形を覚える。

① 画数の少ない漢字を書く

・漢字絵カード（図4）を見せ、「水が流れている様子を表しているね」などと、漢字の形をイメージさせる。

図4

図5

・漢字の形を大まかな線で示した漢字学習プリント（図5）を使い、書き取りの練習を行う。※形が正しく書けていればよしとし書き順にはこだわらない。

② 画数の多い漢字を書く

・裏に絵がかかれた漢字カード（図6）を使い、「晴れという漢字は、お日様と青い空を表しているんだね」と、漢字のもつ意味を説明する。

図6

図7

・見本の漢字カードを示し、いくつかのパーツから必要なカードを選ばせて、見本の漢字を作らせる（図7）。※わからない場合、見本カードをハサミで切らせて、どのような組み合わせになっているか気づかせる。

・漢字カード（図6）を見ながら、漢字の書き取り練習をする。

大竹明子・熊谷恵子著、藤田和弘監修（2000）『長所活用型指導で子どもが変わるPart 2』図書文化社、p40-41を簡略化して引用

2 児童一人一人を大切にする教育的支援に関する研究 ──認知処理スタイルに応じた支援を通して──

元山口市立宮野小学校教諭(現山口県立山口総合支援学校教諭)
中野 正映

1 はじめに

(1)児童一人一人を大切にする教育的支援

　授業で適切な行動がとれない，学習につまずきがある児童が，「繰り返し言葉で説明しても理解できないのに，絵や図をもとに説明するとスムーズに理解できる」「絵や図形を見ただけでは理解できないが，耳で聞いたり言葉で表現されたりしたものを理解することができる」などの特性をもっていることがあります。このような児童に対しては，一人一人の教育的ニーズに応じた支援を行う必要があります。

　ここでは，児童の特性として，継次処理スタイルと同時処理スタイルという，二つの認知処理スタイルに着目した研究を紹介します。

(2)実態把握と認知処理スタイルに応じた支援

① 実態把握

　全学年の学級担任から児童の様子等について聞き取りを行った結果，3学年のある学級で研究授業を行うこととしました。学級担任からは，学習でつまずきを示している児童，自己中心的で友達と協力できない児童が数人いるとの情報を得ました。また，この学級には発達障害のある児童がおり，保護者の了解のもと知能検査（K-ABC）を行った結果，同時処理が苦手で継次処理が得意なことがわかりました。

② 認知処理スタイルに応じた支援の選択（算数科，体育科とも共通）

二つの認知処理スタイルをバランスよく使う児童がいる半面，一方を得意とし，一方を苦手とする児童がいるため，以下の支援を行うこととしました。

1) 教師は二つの認知処理スタイルに応じた支援を準備する。
2) 児童は継次処理，同時処理どちらかの認知処理スタイルに応じた支援を自分で選択する。
3) どちらか一方を得意とする児童が，適切な行動がうまくとれない場合や，学習でつまずきを示した場合には，教師がその児童の得意とする認知処理スタイルに応じた支援を選択するように促す。

算数科における支援
（第3学年：算数科「表とグラフ～どっちのグラフショー～」）

(1) 児童の実態および認知処理スタイルに応じた支援

学級の児童への聞き取り調査の結果，算数科について「好き」が25人，「どちらとも言えない」が8人，「嫌い」が6人（合計39人）でした。また，かけ算九九，たし算の繰り上がり等につまずきを示す児童がいました。

児童が学習の意欲を高め，学習内容の理解を深めるため，認知処理スタイルに応じた支援（下表）を学級担任とティームティーチングで実施しました。

● 「表とグラフ」の目標と認知処理スタイルに応じた支援

目標	1目盛りが1の棒グラフをかくことができる。
継次処理	教師が棒グラフのかき方を音声や文字で一つずつ順番に示す。
同時処理	教師が全体をイメージさせるために，完成した棒グラフを示す。

(2)授業実践「表とグラフ～どっちのグラフショー～」(全7時間/7)

学習内容	児童の活動	教師の支援
1　本時の課題を把握する。	○3年2組の「好きな食べ物」の表を見て，棒グラフにかくという課題をつかむ。	・3年2組の「好きな食べ物」の表を見せ，棒グラフにかくという課題を明らかにする。
2　1目盛りが1の棒グラフのかき方を理解し，棒グラフをかく。 ・表題・目盛り ・単位・項目・人数	○2種類のプリントのうち，1枚を選択する。 【継次処理】 棒グラフのかき方を一つずつ順序に示すことで，棒グラフをかくことができる。 【同時処理】 3年1組の完成した棒グラフを示すことで，3年2組の棒グラフをかくことができる。 ○学習内容の理解が早い児童は，もう1枚のプリントに挑戦する。	【継次処理における支援】 ・棒グラフのかき方を読んで，3年2組の棒グラフをかくことができるようにする。 【同時処理における支援】 ・3年1組の完成した棒グラフを見て，どこに何がかかれているかを児童自身が発見できるようにし，比較させながら3年2組の棒グラフをかくことができるようにする。 【共通の支援】 ・棒グラフの位置，幅がずれていないか，棒の先端部分が水平にかかれているかなどについて机間指導を行う。
3　棒グラフをかくために大切なことを理解する。	○棒グラフをかくために大切なことを発表する。	・正確に棒グラフをかくための必要な条件を考えることができるようにする。

学習内容	児童の活動	教師の支援
4 そのほかのアンケートの教から1目盛りが1の棒グラフをかく。	○かきたい表題を選ぶ。 ○表題ごとに2種類準備してあるプリントから，自分がかきたい棒グラフをかく。 ・好きな色 ・飼いたい動物 ・好きな卵料理 ・好きなテレビアニメ ・好きな果物 ・好きな教科	・自分がかきたい棒グラフを2種類のプリントから選ばせる。 ・学習が停滞している児童には，認知処理スタイルに応じたプリントに従って個別に支援を行う。 ・棒グラフをかくことに慣れた児童には，かき方を順番に示した支援や完成した棒グラフのかかれていない学習プリントに挑戦させる。
5 本時のまとめをする。	○出来上がった棒グラフを友達と確認する。	・棒グラフがていねいにかけた児童や，かくことができるようになった児童をみんなに紹介し，賞賛する。

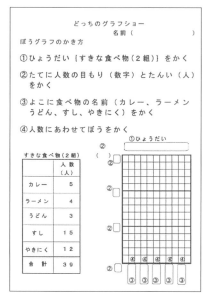
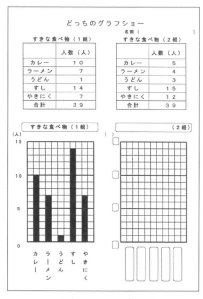

継次処理の学習プリント　　　　　　　　同時処理の学習プリント

(3)児童の学習の様子

　二つのタイプの学習プリントから，児童が自分の好きなプリントを選択し，学習に取り組むこととしました。

　継次処理の学習プリントを選んだ児童は，手順を読んで理解し，棒グラフをかくことができました。学習が停滞する児童には，教師が棒グラフのかき方の手順を一緒に読む支援を行うことで，かくことができました。

　同時処理の学習プリントを選んだ児童は，ほかの組の完成した棒グラフの全体を見ながら，自分でかき方を見つけ，棒グラフをかくことができました。学習が停滞する児童には，教師が完成した棒グラフと児童がかこうとする棒グラフを比

較させながら,棒グラフの目盛り等を指さす支援を行うことで,かくことができました。

さらに児童は,挑戦プリント(完成した棒グラフのかかれていないプリント等)にも複数取り組み,1目盛りが1の棒グラフをかくことができるようになりました。

(4)算数科における支援のまとめ

39人中,初めに継次処理のプリントを選んだ児童は4人,同時処理の学習プリントを選んだ児童は35人でした。その後,授業展開に従って,児童は複数のプリントに取り組みました。

授業後のアンケート中「どちらがわかりやすかったですか」という質問には,継次処理のプリントを選んだ児童は11人,同時処理の学習プリントと答えた児童は28人でした。初めと人数が変わっているのは,複数枚のプリントに取り組む中で,より自分の認知処理スタイルにあった学習プリントを選ぶようになったためだと考えられます。

児童が教師の予想を大きく上回る数の学習プリントに取り組んだこと,終わらなかったプリントをほとんどの児童が自主学習のために持ち帰ったことから,本学習に対する意欲の高さが伺えました。

授業後の児童へのアンケート結果は以下のようになりました。

- **継次処理向けのプリントを選んだ児童**——「番号がかいてあってわかりやすかった」「かき方を読んで1人でできた」など。一つずつ順番に示す支援では,かき方が詳細に示してあるので,児童は見直しができ,安心して取り組めたと考えます。
- **同時処理向けのプリントを選んだ児童**——「お手本があってわかりやすかった」「自分でかき方を発見できたから楽しかった」など。完成した棒グラフを示す支援では,児童はかき方を自分で見つける楽しさを味わうことができ,意欲的に取り組めたと考えます。

3 体育科における支援
(第3学年:体育科「とびばこあそび〜ようこそ音の世界・絵の世界〜」)

(1) 児童の実態および認知処理スタイルに応じた支援

　学級担任からの聞き取りで,体育科「サーキットであそぼう(1学期)」の単元で,跳び箱の開脚跳びができない児童が数人いたことがわかりました。「両足でうまく踏み切ることができない児童がいる」「手のつき押しが弱い児童がいる」「着地が不安定な児童がいる」「開脚跳びができない児童(跳び箱3段)が9人いる」という実態を踏まえ,認知処理スタイルに応じた具体的な支援を実施しました。

● 体育科「とびばこあそび」の目標と認知処理スタイルに応じた支援

目標	できる跳び方で,いろいろな高さや向きの跳び箱を跳び越したり,できそうな跳び方に挑戦したりして楽しむことができる。
継次処理	教師が動きを音声や文字で一つずつ順番に示す。
同時処理	・教師が動きを絵で全体的に示す。 ・教師が踏み切りの足,手のつき方等を拡大した絵で示す。

(2) 授業実践「とびばこあそび〜ようこそ音の世界・絵の世界〜」
　(全7時間 4/7)
　学習活動と教師の支援
　1　ほぐし運動――音楽を流しながらリラックスできるようにする。
　2　できる跳び方でいろいろな高さや向きの跳び箱に挑戦して楽しむ。
　3　できそうな跳び方に挑戦して楽しむ。
　○目標達成のポイントが理解できるように,「音・絵の世界」シールを提示。
　○跳べたら学習カードにシールを貼るように促す。
　○跳べない児童には,認知処理スタイルに応じた支援を確認するように

促す。
○意欲をもつことができるように,教師や友達が励まし,賞賛する。
○児童が目標を達成することができるように,動きを補助する。

■音の世界グループ(継次処理)
○動きを音声や文字で一つずつ順番に示す。
○動きに合わせて言葉を入れた映像を見せる。

■絵の世界グループ(同時処理)
○動きを絵で全体的に示す。
○踏み切りの足,手のつき方等を拡大した絵で示す。
○動きを映像で全体的に見せ,大事なポイント(踏み切りの足,手のつき方,着地)は静止画で示す。

とびばこあそび ～ようこそ音の世界へ～
かいきゃくとび
友だちがとぶときの音を聞いたり,自分がとんだりして,そのときの音をたしかめよう。
〈音を聞いてみよう／音であらわしてみよう〉
1 ふみきり(足は?)
りょう足でドン
足はそろえて
2 手のつき方(手は?)
りょう手でバン
手を前のほうにつく(とびばこがたての時)
3 とぶ時の体のようす
手で体をもちあげてグイ
足をひらいて
4 ちゃくち(足は?)
りょう足でピタ
足はそろえて

継次処理の学習プリント　　　同時処理の学習プリント

(3) 児童の学習の様子

児童は意欲的に活動し，楽しんで跳び箱遊びに取り組みました。

動きを音声や文字で一つずつ順番に示す支援（継次処理）を選んだ児童は，「ドン・パン・グイ・ピタ」と言いながら自分で動きを確認するようになりました。

また，友達の跳ぶ動きを見て，できていない動きを言葉で教え合い，励ます様子も見られました。

動きを絵で全体的に示す支援（同時処理）を選んだ児童は，絵を見ながら動きについて友達と話し合うようになり，絵を見て動きを確かめて，体を動かしたり，絵の部分に注目し，踏み切りの足や手のつき方等の跳び方のポイントを友達と見つけたりすることができました。

(4) 体育科における支援のまとめ

授業後の児童へのアンケート結果は以下のようになりました。

映像を見ている児童の様子

「動きを音声や文字で一つずつ順番に示す支援（継次処理）がわかりやすい」と答えた児童は39人中27人で，「ドン・パン・グイ・ピタと言いながら行うのが，楽しかった」「動きが言葉でわかりやすかった」などの感想がありました。

「動きを絵で全体的に示す支援（同時処理）がわかりやすい」と答えた児童は39人中12人で，「絵を見て両足で踏み切ることがわかった」「動きが絵でわかりやすかった」などの感想がありました。

二つの認知処理スタイルに応じた支援や認知処理スタイルを意識した声かけとともに，児童の動きを教師が補助し，賞賛する支援も行いました。

その結果,「できそうな跳び方に挑戦して楽しむことができる」という授業の目標を達成することができ,また,ほとんどの児童は,自分の目標とする跳び方や高さを達成できるようになりました。単元開始時に開脚跳びができなかった児童が,全員跳べるようになったことは一つの成果といえます。
　しかし,体の動きは理解できても,自分の目標を達成できない児童がいました。そこで,動きに合わせた言葉（ドン・パン・グイ・ピタ）を入れた映像と,開脚跳びの動きの流れを全体的に見せ,踏み切りの足等は静止画で示す映像を見せました（写真）。この支援方法が,継次処理,同時処理のどちらの認知処理スタイルに応じた支援にあたるのか明確に区別することはできませんが,個々の児童にとって,よりわかりやすい支援をすることが重要だと考えました。
　児童は何度も挑戦し,自分の目標とする跳び箱の高さが跳べるようになりました。このことからは,認知処理スタイルに応じた支援だけでなく,児童の様子を観察し,達成や習得の度合いから適切な指導や必要な支援を行うことの大切さが理解できました。

4 まとめと今後の課題

　本研究では,一人一人の教育的ニーズに応じた適切な支援の一つとして,認知処理スタイルに応じた支援を行うことの効果が確認できました。また,**認知処理スタイルに応じた支援は,認知処理に偏りがある児童だけでなく,すべての児童が適切な行動を増やすとともに,学習の意欲を高め,学習内容の理解を深める教育的支援であることが確認できました**。この考え方は,ユニバーサルデザインにつながるものです。
　さらに,本研究を進めるなかで,学級には継次処理を得意とする児童,同時処理を得意とする児童がいることを踏まえ,授業等において,できる

限り二つの認知処理スタイルに応じた支援およびそれを活用した指導を意識し，実践していくことの重要性がわかりました。

　もし，教師が継次処理を中心とした授業だけを行えば，同時処理を得意とする児童は学習につまずき，同時処理を中心とした授業だけを行えば，継次処理を得意とする児童は学習につまずいてしまうと考えられます。

　同時に，教師は認知処理スタイルに応じた支援を授業の中に取り入れるだけでなく，児童の様子を常に観察し，学習の進みぐあいや達成の度合いから，適切な指導や必要な支援をその都度行うことが大切であることも再認識できました。

※本原稿は，中野正映先生の研究報告書を編集部で一部改変したものです。

【引用文献】
藤田和弘監修 (2002)『長所活用型指導で子どもが変わるPart 2』図書文化社，P 13
永島惇正・佐伯年詩雄 (2002)『新版 体育の学習3年』光文書院，P 37

【参考文献】
文部科学省 (2005)「特別支援教育を推進するための制度の在り方について (答申)」
文部科学省 (2004)「小・中学校におけるLD (学習障害)，AD/HD (注意欠陥/多動性障害)，高機能自閉症の児童／生徒への教育支援体制の整備のためのガイドライン (試案)」
山口県教育委員会 (2006)『山口県特別支援教育ビジョン』
福岡県教育委員会(2002)『福岡県教育センター研究紀要№.138はじめよう学習障害(LD)児への支援』
竹田契一・太田信子・西岡有香・田畑友子 (2000)『LD児サポートプログラム』日本文化科学社
月森久江 (2005)『教室でできる特別支援教育のアイデア172小学校編』図書文化社

3 基礎的・基本的な知識・技能を確実に習得させる指導の工夫（2年次）

東京都教職員研修センター

　東京都教職員研修センターが実施した平成26・27年度の教育課題研究では，児童生徒の「分かり方の特性」として，継次処理・同時処理に分類し，傾向の把握，指導法の開発，指導事例の開発等を行っています。ここでは，その一部を抜粋して紹介します。

> **児童・生徒の「分かり方の特性」の整理と分類**
>
> 　児童・生徒は，物事を体験したり，見聞きしたりすることで様々なことを学習している。学ぶ方法や認知の方法といった分かり方は，一人一人の児童・生徒によって異なり，感覚や情報を処理する手段には得意・不得意がある。児童・生徒は，自らの感覚や情報を処理する手段を駆使して学んでいる。
>
> 　本研究では，児童・生徒の情報を処理する手段（脳内での情報の処理）や情報を知覚する手段（情報を入手する方法）については，ルリア理論（注1）に基づくカウフマンモデル（注2）をはじめ，認知科学及び脳科学等の先行研究から整理をしていくこととした。情報を処理する手段については，脳の情報を処理する区分けとして，「継次処理」と「同時処理」に分類した。情報を知覚する手段については，人間の感覚の区分けとして，「視覚（visual）」，「聴覚（auditory）」，「体感覚（kinetic）」に分類した。このうち「体感覚」とは，様々な感覚で体感することで入手した情報や，行動（運動）することで入手できる情報を知覚する手段として捉えた。
>
> 　さらに，本研究では児童・生徒の得意とする情報を処理する手段と，情報を知覚する手段とを併せて「分かり方の特性」として捉え，以下の表のように分類した。

● 表「分かり方の特性」の分類

〈情報を処理する手段に関して〉	
継次処理能力優位 ………	情報を一つ一つ順番に理解し，それらをつないで全体を捉えていくことを得意とする
同時処理能力優位 ………	物事の全体を概括的にイメージし，情報と情報の関係を把握していくことを得意とする

〈情報を知覚する手段に関して〉	
聴覚優位 ………	聴覚からの情報収集・理解を得意とする
視覚優位 ………	視覚からの情報収集・理解を得意とする
体感覚優位 ………	体感したり，行動したりすることからの情報の収集・理解を得意とする

　この「分かり方の特性」の分類は，児童・生徒を，情報を処理する能力と情報を知覚する能力で分類するものではない。児童・生徒は，得意・不得意があるそれぞれの情報を処理する手段や情報を知覚する手段を複合的に用い，またそれぞれの手段を相互に補完させながら学んでいる。「分かり方の特性」は「どちらかというと優位性がある（得意である）手段による分類」であり，児童・生徒によっては，「複数の手段に優位性がある」又は「優位性がない（どの手段も同じように用いている）」などの違いがある。また，それぞれの手段の習熟については，児童・生徒の発達の段階によって当然異なることは明らかである。

　つまり，「分かり方の特性」は児童・生徒の得意とする処理・感覚の方法を用いて，教師がよりよく指導・支援をするための分類である。

〔99ページ 注1，2〕
1 ルリア理論……ソビエト連邦（現ロシア）の神経心理学者アレクサンドル・ロマノヴィッチ・ルリアによる，脳機能を注意・符号化・プランニングという3つのブロックに分類した理論。その中で，外部からの情報を符号化する第2ブロックには，継次処理・同時処理という2種類の符号化の処理過程があると考えられている。

2 カウフマンモデル……アメリカの学校心理学者で知能理論家のアラン・カウフマンの考え方に依拠し、なおかつ臨床家である夫人のネイディーン・カウフマンと共に作成した認知能力を習得度（語彙や算数など）と分けて両者を測定する日本版KABC-Ⅱという検査バッテリーの基本構造を示すモデルである。

東京都教職員研修センター紀要第15号「基礎的・基本的な知識・技能を確実に習得させる指導の工夫（2年次）」p28より引用

事例5　調査問題に応じた指導事例　　小学校・第5学年

【課題となる問題：平成27年度東京都の「児童・生徒の学力向上を図るための調査」算数⑥ (1)①②】

⑥ 立体図形について、次の(1)と(2)の問題に答えましょう。

(1) 次の【図1】は直方体の見取図で、それぞれの面を、㋐から㋕までの記号で示しています。【図2】はその直方体の展開図（てんかいず）を小さくしたものです。

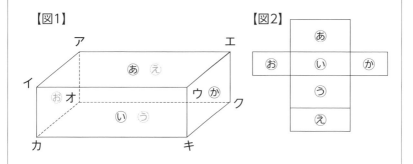

① 辺アオと平行な辺は3つあります。すべて書きましょう。
② 面㋑に平行な面を記号で答えましょう。

(1)本問題における，処理の特性を生かした指導の手だて

継次処理能力優位 (実際の指導事例で取り上げた指導の手だて)	同時処理能力優位
次の順序で指導する。 ①問題文中の「辺」，「面」などを確認する。 ②問題文中の「辺」，「面」などと図での位置を対応させる。 ③問題で何を問われているのか理解する。 ④解答の手掛かりを探す。	次の順序で指導する。 ①図を見て何の問題なのか大まかに把握する。 ②問題で何を問われているのかを理解する。 ③図を見て解答の手掛かりを探す。 ④問題文中の「辺」，「面」などから，解答を導く。

(2)本問題における，感覚の特性を生かした指導の手だて

聴覚優位	視覚優位	体感覚優位
・口頭で，「直方体」，「見取図」，「展開図」，「平行」，「垂直」などの用語を振り返って確認する。 ・問題文を児童に音読させ，【図1】，【図2】などの言葉から，問題文が「何について」，「何を」聞いているのか確認する。	・図の中のどの部分についての問題なのか，図の中に印を付けるなどして問題文と図との関係を捉えられるようにする。	・問題文を音読し，「辺アオ」，「平行な辺」などのキーワードを探し，印を付けるように伝える。 ・キーワードと図の対応する部分を線で結んだり，色を付けたりすることで，問題文と図との関係を捉えられるようにする。

(3)実際の指導事例(継次処理能力優位を生かした指導の手だて)

学習活動	□支援のポイント　聴聴覚優位，視視覚優位，体体感覚優位
1 課題把握（問題文6 (1)①②）	
○問題文を読み題意を捉える。	聴問題文を教師がゆっくり範読する。 視問題文を児童に黙読させる。 体問題文を指で追いながら音読させる。
○用語の確認をする。	聴口頭で，「直方体」，「見取図」，「展開図」，「面」とは何か，用語を振り返って確認する。 視「直方体」，「見取図」，「展開図」，「面」の用語を板書し，問題文の図と対応できるようにする。
○文と図を対応させる。	聴【図1】，【図2】はそれぞれ何なのか聞き，「直方体の見取図」，「その直方体の展開図を小さくしたもの」などの言葉を引き出す。
2 課題把握（6 (1)①）	
○問題文を読み題意を捉える。 ○用語の確認をする。 ○問題で何が問われているのかを理解する。	体問題文を指で追いながら音読させる。 視「辺」，「平行」の用語を板書し，振り返って確認する。 聴問題文が「何について」，「何を」聞いているのか尋ね，「辺アオ」，「平行な辺」，「三つ」，「全て書く」などのキーワードを引き出す。
○問題文のキーワードと図を対応させ，解答の手掛かりを探す。	視辺アオは，図のどこにあるかを確認するように声掛けをする。 体辺アオに色を付けるように声掛けをする。
3 自力解決（6 (1)①）	体「平行」の意味を体で表現してから，辺アオと平行な辺を探すように助言する。
4 課題把握（6 (1)②）	
○問題文を読み題意を捉える。 ○用語の確認をする。	視問題文をゆっくり読むように声掛けをする。
○問題で何を問われているのかを理解する。	聴「平行な面」とは何か口頭で確認する。 聴問題文が聞いていることを尋ね，「面①」，「平行な面」，「記号で」といったキーワードを引き出す。

○問題文のキーワードと図を対応させ、解答の手掛かりを探す。	困面ⓘに斜線を付けるなどして、問題文と図との関係を捉えやすくする。
5　適用問題	※平成26年度東京都の「児童・生徒の学力向上を図るための調査」の算数における直方体に関する類似問題である問A、問Bに取り組む。

検証による成果と課題

● 成果

- 問題把握を十分に行ったことにより、全ての児童が自力解決の活動において学習課題に取り組むことができた（聴覚・視覚・体感覚優位を生かした指導の手だて）。
- 自力解決において、問題解決ができた児童は全体でそれぞれ、6(1)①の問は100％、6(1)②の問は97.8％であった。また、6(1)①、6(1)②の適用問題として、東京都の平成26年度「児童・生徒の学力向上を図るための調査」から類似問題を抽出し、それぞれ問A（平均正答率64.6％）、問B（平均正答率69.2％）として設定し、児童が取り組んだところ、正答率は問Aが87.3％、問Bが92.7％であり、平成26年度調査の結果における平均正答率より高い正答率となったことから、基礎的・基本的な知識・技能を問う問題における正答率を向上させることができた。

● 課題

- 基礎的・基本的な知識・技能が確実に習得されているか検証するためには、指導実施後、数箇月の期間を経て検証する必要がある。

東京都教職員研修センター紀要第15号「基礎的・基本的な知識・技能を確実に習得させる指導の工夫（2年次）」p42-43より引用

二つの認知処理スタイルを生かした指導とは

ここでは，ユニバーサルデザインの考え方を踏まえて，指導を行う際の工夫について取り上げます。

1 普段の指導に同時処理を取り入れる

(1) 同時処理型指導のむずかしさとは

子どもの得意な認知処理タイプを指導に生かしたほうがよいとはわかっても，具体的な授業展開を考えるうえで，以下のようなむずかしさを感じる読者がいるかもしれません。

「一般によいとされる指導は，ていねいに一つ一つ順序だてて段階的に教える方法（継次処理型指導）である。それに対して，全体的な教え方（同時処理型指導）は，おおざっぱな指導，雑な指導という印象がある」

「教師には子どもたちの学力を定着させるという使命がある。同時処理型指導は，子どもの学習過程や学習進度が教師には見えにくいのできちんと伝わっているか不安になる」

「同時処理型指導は，子どもの自由度が高いイメージがある。学級経営を考えた場合，規律がゆるんだり，子どもたちが好き勝手をして収拾がつかなくなったりするのでは，という不安がある」

たしかに，授業では多くの子どもたちを相手にするので，一つ一つ言葉

で説明しながら進める継次的な指導のほうが，教師にとって教えやすいのはもちろん，子どもの動きも見えやすく，学習進度の見取りも容易になります。

同時処理的な指導と子どもが好き勝手にすることは異なりますが，学習規律が確立していない状態や，子どもの学習意欲が低い状態のなかで，活動の自由度を高めることは現実的にむずかしいでしょう。そう考えると，学校の指導の多くが，継次処理型指導のスタイルをとっているのは，必然だといえるかもしれません。

(2)「継次」をベースに「同時」をプラス

そこで，読者の先生方には，

普段の指導に，同時処理をいかに取り入れるか

という意識をもっていただくと，両方の認知処理スタイルを考慮した授業を，無理なく構成できると思います。

例えば，同時指導方法の5原則を意識し，授業の初めには，必ず今日行うことの概略を説明する，といったぐあいです。75ページでご紹介した先生からは，こんなお話を伺いしました。

「例えば国語の授業では，『今日の授業では，漢字練習と，教科書の音読，最後に感想を発表します。では始めましょう』と最初に説明することで，子どもたちは見通しをもてるようになりました。次の作業・動きがスムーズにいくようになり，合間のざわつきもなくなりました」と。

また，最近はICTの活用により，作品の見本をわかりやすく大きく示したり，活動の流れを写真や短い映像で流したりすることが，容易になっています。こうした支援も，同時処理型指導方法の一つです。

いっぽう，例外として，体育などの実技の授業では，指導が同時処理型に偏ってしまっているケースもみられます。例えば，バスケットボールの上手なシュートの手本を見せて，「はい，このとおりにやってごらん」など

というケースです。このような場合には，継次型指導方法を意識して取り入れていくことが必要だと思います。

継次処理・同時処理という概念は知らなくても，すでに，こうした指導を実施されている先生は少なくないかもしれません。要は，「継次処理スタイル＋同時処理スタイルの指導」を意識して志向できるようになることです。

2 互いの長所を認め合い，生かし合う

「自分には自分の理解しやすいわかり方（認知処理スタイル）があり，同様に，ほかの子にはほかの子の理解しやすいわかり方がある」ということを子どもたち自身が知り，それを認め合うことは，一人一人を大切にする学級づくりにもつながっていきます。

認知処理スタイルの違いについて，子どもの発達段階に応じた身近でわかりやすい例を用いて説明したり，お互いの違いを意識したりできるとよいと思います。さきにご紹介した先生の場合は，二つの認知処理スタイルを生かして，以下のような指導をされているそうです。

「例えば，体育でダンスの練習をする際には，同時処理が得意な子は，ダンスの流れを全体的にとらえて表現できる子が多いものです。いっぽう，継次処理が得意な子は，指先の細かな動きなど繊細な部分をしっかりとらえていることが多いものです。

そこで，前者には全体の流れを，後者には細かい動きを，見本としてみんなの前でやってもらうのです。教師が子どもたちの長所を見つけ，みんなの前で披露させることで，個々の子どもの自尊感情は高まり，互いの認め合いにもつながると思うのです」と。

一般に，小学校高学年くらいになると，自分の得意な認知処理スタイルを意識し，自分に合った学習法を自ら獲得していきます。

③ 認知処理スタイルに応じた配慮

　二つの認知処理スタイルは，どちらがよいとか優れているということではなく，子どもが自分の得意な認知処理スタイルを生かして，力を発揮できるように指導することが目標になります。ただし，得意な認知処理スタイルを生かしても，どうしてもうまくいきにくい部分というのはあります。

(1) 継次処理が得意な子どもへの配慮点

　例えば，継次処理が得意な子どもの場合は，部分から全体へという理解の流れなので，手順が長く複雑になると，ゴールが見えにくくなり，「木を見て森を見ず」になってしまうことがあります。節目，節目で完成形（ゴール）を意識したり，一つの作業が終わるごとに，いま全体の中のどの部分をやっているのかという位置づけを，工程表等で確認したりするようにするとよいでしょう。

　継次処理が得意な子どもは，いったんつまずきが起こると，クリアできるまで，そこでずっと止まってしまうことがあります。ゴールとの関係から手順の見直しをさせたり，小さなつまずきは手助けして，目標に向かって進めるようにしてあげたりすることが必要でしょう。

(2) 同時処理が得意な子どもへの配慮点

　いっぽう，同時処理が得意な子どもは，全体から部分へという理解の流れなので，途中や細かいところがおろそかになり，小さなミスや勘違いが起こりやすくなります。いったんできたと思っても，ゴールから逆走して慎重に見直しを行うように指導するとよいでしょう。

　また，同時処理が得意な子どもに，ゴールを示し，取り組み方を任せた場合，必ずしも本人のやり方がうまくいくとは限りません。しかし，一から順番に，目標や意義がわからないままコツコツと進めるやり方では意欲

が出ない場合が多いので，うまくいかないところからスタートすることを認め，何がたりないかを考えさせたり，徐々にレベルを落としていくようにしたりするなど，試行錯誤を認めてあげるとよいでしょう。

なお，「どこまでできた？」「途中まで見せて」といった指示には対応しにくい場合があります。そこで，「自分の中では何割完成？」「あとは何ができればいい？」などと質問に答えさせることで，本人の頭の中の状況を知ることができます。

4 発達障害と認知処理スタイル

発達障害の子どもには認知のアンバランスがあることが多いことを前述しましたが，障害の種別によって，継次・同時のどちらかのタイプが多いというような傾向があるわけではありません。

例えば，一般的に自閉傾向の子どもには「視覚的支援」が有効とされますが，では，自閉症の子どもがみんな同時処理タイプかというと，そんなことはありません。自閉症の子どもの中には，継次処理が強く同時処理が弱い子もいますし，継次処理と同時処理に差がない子もいます。

目の前にいる子どもが，継次処理・同時処理のどちらが得意かによって，同じ視覚的支援でも，言葉や文字で見るほうがわかりやすいのか，図やイラストで見るほうがわかりやすいか，は違ってきます。「視覚的に」と一口に言っても，認知処理スタイルによって，子どもに合った支援の方法は変わってくるのです。

こうした個々の子どもに対応する支援は，通常学級の担任の先生にとっては，なかなかハードルが高いことかもしれません。支援学級の先生や通級の先生に相談したり，保護者等と情報を共有したりして，指導に生かしていただければと思います。

資料2 個に応じた教育の時代に
―― 合理的配慮と支援・指導計画 ――

1. インクルーシブ教育とは

「共生社会の形成に向けたインクルーシブ教育システムの構築のための特別支援教育の推進」（文部科学省，2012）が示されました。「共生社会」とは，老いも若きも，男性も女性も，障害のある人もない人も，すべての人がお互いを尊重し合い，支え合うことで，自分らしく生きていける社会のことです。また，インクルーシブ（Inclusive）という英語には，「すべてを含む」とか「包括的な」といった意味があります。

この提言では，すべての子どもができるだけ同じ場で共に学ぶことをめざし，そのなかで，子どもたち一人一人のニーズに合った教育を行っていく必要があることが述べられています。そのためには，「ユニーバーサルデザイン」の考え方も重要になります。

ユニーバーサルデザインとは，「調整又は特別な設計を必要とすることなく，最大限可能な範囲ですべての人が使用することのできる製品，環境，計画及びサービスの設計」をいいます（「障害者の権利に関する条約」による定義）。この「サービス」の中に教育も含まれます。

これまでも学校教育では，個性重視の原則が唱えられてきました。「一人一人を生かす教育」「個に応じた教育」――これらをキャッチフレーズで終わらせないための具体的な手だてが，まさに求められているといえるでしょう。

ここでは障害者の権利・教育に関する世界と日本の動きについて次表に示し，学校における「合理的配慮」についてみていきます。

● 障害者の権利・教育に関する世界と日本の動き

【世界の動き】

1975（昭和50）年	「障害者の権利宣言」を採択（国連）
1975（昭和50）年	「全障害児教育法」可決（米国の連邦法）
	▶ 2004年「障害のある個人の教育法」
1981（昭和56）年	「国際障害者年」（国連が指定）
1994（平成6）年	「サラマンカ宣言」（ユネスコ国際会議）
2002（平成14）年	「どの子も置き去りにしない法」制定（NCLB：米国の連邦教育法）
2006（平成18）年	「障害者の権利に関する条約」が採択（国連）
	▶（日本は2014年に批准）

> 学校と教師は、すべての障害児に「個別教育計画」を策定し、子ども一人一人の教育的ニーズを満たすよう義務づけた

> インクルーシブ教育に関する記載

【日本の動き】

2005（平成17）年	「発達障害者支援法」が施行
2006（平成18）年	「障害者自立支援法」が施行
	▶ 2013年より「障害者総合支援法」
2007（平成19）年	特別支援教育の開始（文部科学省）
2010（平成22）年	「特別支援教育の在り方に関する特別委員会」開催（文部科学省）
2016（平成28）年	「障害を理由とする差別の解消の推進に関する法律」（障害者差別解消法）施行

> インクルーシブ教育の理念の方向性を明示

> 「合理的配慮不提供の禁止」が努力義務に

2.「合理的配慮」とは

(1) 合理的配慮の定義

　個に応じた教育を実現するための具体的な手だての一つが,「合理的配慮」です。特に, これまで十分に社会参加できる環境になかった人たちが, 積極的に参加・貢献できる共生社会の形成をめざすためには, システムづくりをすすめていくことが大切です。

　学校において合理的配慮を考えていく際に基本となるのが,「共生社会の形成に向けたインクルーシブ教育システム構築のための特別支援教育の推進（報告）」(文部科学省, 2012) です。

> **中央教育審議会初等中等教育分科会報告における合理的配慮の定義**
>
> 　「障害のある子どもが, 他の子どもと平等に『教育を受ける権利』を享有・行使することを確保するために, 学校の設置者及び学校が必要かつ適当な変更・調整を行うことであり, 障害のある子どもに対し, その状況に応じて, 学校教育を受ける場合に個別に必要とされるもの」であり,「学校の設置者及び学校に対して, 体制面, 財政面において, 均衡を失した又は過度の負担を課さないもの」, とする。なお, 障害者の権利に関する条約において,「合理的配慮」の否定は, 障害を理由とする差別に含まれるとされていることに留意する必要がある。

(2) 合理的配慮の提供の決定までのプロセス

　では, 合理的配慮はどのように決定されるのでしょうか。「共生社会の形成に向けたインクルーシブ教育システム構築のための特別支援教育の推進（報告）」では,「3. 障害のある子どもが十分に教育を受けられるための合理的配慮及びその基礎となる環境整備」において, 次のように述べています。

> 　「合理的配慮」は，一人一人の障害の状態や教育的ニーズ等に応じて決定されるものであり，設置者・学校と本人・保護者により，発達の段階を考慮しつつ，「合理的配慮」の観点を踏まえ，「合理的配慮」について可能な限り合意形成を図った上で決定し，提供されることが望ましく，その内容を個別の教育支援計画に明記することが望ましい。
> 　なお，設置者・学校と本人・保護者の意見が一致しない場合には，「教育支援委員会」(仮称)の助言等により，その解決を図ることが望ましい。また，学校・家庭・地域社会における教育が十分に連携し，相互に補完しつつ，一体となって営まれることが重要であることを共通理解とすることが重要である。
> 　さらに，「合理的配慮」の決定後も，幼児児童生徒一人一人の発達の程度，適応の状況等を勘案しながら柔軟に見直しができることを共通理解とすることが重要である。移行時における情報の引継ぎを行い，途切れることのない支援を提供することが必要である。

　各学校において，本人・保護者から合理的配慮に関する「意思の表明」があった場合，以下の図のようなプロセスを経て決定されます。

「合理的配慮の提供」の決定までのプロセス

①意思の表明
②詳細な実態把握
　本人・保護者への十分な情報提供と本人，保護者，学校，設置者による合意形成
③均衡を失した又は過度の負担について検討，基礎的環境整備の確認
④合理的配慮の決定
⑤個別の教育支援計画への明記
　十分な教育が提供できているか。合理的配慮の提供に関する定期的な評価・柔軟な見直し。

〈合意形成〉

「教育的観点からの合理的配慮の提供に関するガイド」宮崎県教育委員会(2016)より引用

(3)合理的配慮と認知処理スタイル

では，合理的配慮の学校現場での具体例をあげてみましょう。

・子どもに書籍やノートなどを用いた読み書きに困難がある場合は，タブレットなどの補助具を用いる。
・一定の道具や配置等にこだわりがある場合，一定のものを決めておく。
・聴覚過敏がある場合は，デジタル耳栓やイヤーマフを使う。
・聴覚的情報が入りにくい子どもには，口頭による指導だけでなく，板書，メモなどによる情報掲示を行い，学習も視覚的な教材を用いる。逆に，視覚的指導が入りにくい子どもには，口頭による情報伝達を行い，学習も聴覚的な教材を用いて指導を行う。

こうみていくと，「認知処理スタイルに応じた配慮」も合理的配慮にあたるといえるのではないでしょうか。「継次処理＞同時処理」の子どもには段階的に順序立てた指導，「継次処理＜同時処理」の子どもには全体を踏まえてから部分へ入る指導など，子どもの認知処理スタイルに合わせた指導を行うということです。

学習につまずきのある子どもたちが，個々のスタイルに合った支援を受けることで，いきいきと学べることを実感できれば，こうした合理的配慮の必要性は，学校や学級の子どもたちの中に自然に浸透していくに違いありません。また，このような認知処理スタイルへの配慮は，学級のすべての子どもたちにとっても「わかりやすい授業」につながります。

(4)合理的配慮の否定は，差別にあたることも

合理的配慮は，障害のない子どもたちと同様に，障害のある子どもたちの学ぶ権利を保障するためのものです。必要な合理的配慮が得られない場合，その子どもは授業に参加したり学校生活を送ったりするうえで支障が生じます。ですから，合理的配慮の必要性を否定することは，障害を理由とする差別にあたる場合があることに留意する必要があります。なお，合

理的配慮は，現時点（2019年7月）において，国公立の学校では法的義務，私立の学校では努力義務とされています。

3.「個別の教育支援計画」と「個別の指導計画」

　小・中学校学習指導要領（文部科学省，2017）では，障害のある子どもの指導にあたっては，「個別の教育支援計画」（長期的な計画）と「個別の指導計画」（短期的な計画）を作成し，きめ細やかな指導を行うこととされています。こうした指導計画に基づくきめ細やかな指導は，特別支援学校や特別支援学級に在籍する子ども，通級による指導を受ける子どもについては義務，通常の学級に在籍する通級指導を受けていない子どもに関しては努力義務とされています。なお，二つの計画書ともに，様式は決められていません。

(1) 個別の教育支援計画

個別の教育支援計画
（長期的な計画：乳幼児期〜学校卒業後まで）

他機関との連携を図るための長期的な視点に立った計画
　特別な支援が必要な一人一人の子どもについて，乳幼児期から学校卒業後までを通じて一貫し，教育・福祉・医療・労働等の関係機関が連携して支援するための長期計画です。関係機関と連携しながら学校が中心となって作成します。また，保護者の参画や意見等を聴くことなどが求められています。

(2)個別の指導計画

> **個別の指導計画**
> （短期的な計画：単元や学期，学年ごと）
>
> **指導を行うためのきめ細かい計画**
> 　支援が必要な子どもたち一人一人の教育的ニーズに対応して，指導目標や指導の内容・方法を具体的に盛り込んだ短期的な指導計画で，学校等で作成するものです。例えば，単元や学期，学年等ごとに作成され，それに基づいた指導が行われます。

認知処理スタイルを指導計画に生かす

　「個別の指導計画」を作成する際には，子どもの実態や教育的ニーズを把握したうえで，計画を作成し，目標を設定します。

　計画書の中には，検査等の記録欄や，性格・行動・学習上の特徴等を記入する欄が設けられている場合が多いと思います。可能であれば，情報の一つとして，認知処理スタイルについても記述していただければと思います。継次処理が得意か，同時処理が得意か，という個人の特性は脳の機能（はたらき）のアンバランスから生じるものであれば，生涯変わることはないので，一貫した支援を行ううえで有益な情報になります。

　ただし，「継次処理・同時処理」という言葉はまだ一般的ではありません。「段階的な教え方，部分から全体へという方向性を踏まえた教え方・順序性を踏まえた教え方であれば理解しやすい〈継次処理優位〉」「全体を踏まえた教え方，全体から部分へという方向性を踏まえた教え方，関連性を踏まえた教え方であれば理解しやすい〈同時処理優位〉」など，だれにでも具体的でわかりやすい表現を工夫する必要があるでしょう。

第4章

認知処理スタイルを知る
チェックリスト

ここまで読み進んでいただいたみなさん，
認知処理スタイルについてイメージがつかめたでしょうか。
「では，ウチの子は継次処理・同時処理どちらのタイプかな？」
「学級の気になるあの子の認知処理スタイルはどちらだろう？」
と思われる保護者・先生は多いと思います。
その声にお応えして，本章では，まず，
「子どもの認知処理スタイルを見分ける方法」を紹介します。
この方法は，大きく分けて二つあります。
一つは観察やチェックリストによる方法です。
対象の子どもとご自身について，
リストを用いてチェックしてみてください。
だいたいの傾向がつかめると思います。
認知スタイルの見分け方のもう一つは，
知能検査を用いる方法です。
ここでは，アセスメントとは何か，
知能検査とはどのようなものか概要を説明します。

認知処理スタイルを把握するには

❶ 認知スタイルを把握するための流れ

(1) 先生・保護者自身の認知処理スタイルを把握する

子どもの認知スタイルをチェックする前に,まずは,先生・保護者が,自分の認知処理スタイルを把握することが大切です。それぞれ,以下のリストでチェックしてみましょう。

> 先生用のチェックリスト（131ページ）
> 保護者用のチェックリスト（132ページ）

(2) 学級の子どもの認知処理スタイルを把握する

学級の子どもの認知スタイルを把握するための方法として,以下の二つがあります。
　①子どもの行動観察によって教師・保護者がチェックリストに記入する方法。
　②子ども自身にチェックリストに記入させ,大まかな認知スタイルを把握する方法。

教師・保護者が子どもの傾向を把握し，それを支援・指導に生かすとともに，子ども自身にも自分の認知処理スタイルを意識させて，「自分が学びやすい方法」を知る手がかりにするとよいでしょう。

1　子どもの行動観察によるチェックリスト（122ページ）
2　子どもの学習場面の観察によるチェックリスト
　　——国語と算数（124ページ）
3　子ども自身が記入するチェックリスト（127ページ）

---

(3) 発達に課題がある子どもの認知処理スタイルを把握する

　発達に課題のある子どもの認知スタイルを把握するための方法として以下の二つがあります。

①前記「(2)学級の子どもの認知処理スタイルを把握する」の「①行動観察によるチェックリスト」で，大まかな傾向を把握します。可能であれば，②の子どもに記入させる方法も実施しましょう。

②保護者の承諾を得られるようでしたら，知能検査（KABC-Ⅱ）を実施すると，より詳しく正確に，その子の認知スタイルと支援・指導の手だてが得られます。

1　子どもの行動観察によるチェックリスト（122ページ）
2　子どもの学習場面の観察によるチェックリスト
　　——国語と算数（124ページ）
3　子ども自身が記入するチェックリスト（127ページ）
　　KABC-Ⅱによるアセスメント（138ページ，第5章）

認知処理スタイルを見分ける
チェックリスト

　二つの認知処理スタイルのうちどちらにあてはまるか大まかに把握するために，当てはまるものに印をつけていくリストを紹介します。

　子どもの得意な認知処理スタイルとご自分の得意な認知処理スタイルが異なる場合，子どもに合わせた支援・指導を行っていくことが，子どもの学習や行動のつまずきを解消することにつながります。

> **(1) 子ども用**
> **①行動観察・学習観察によるもの**——教師・保護者が子どもの行動観察・学習観察を行い，認知スタイルの傾向を把握するもの。
> **②子ども自身が記入するもの**——アンケートとして子ども自身に記入させ，認知スタイルの傾向を把握するもの。
> **(2) 教師用**——ご自分の認知スタイルの傾向を知るためのもの。
> **(3) 保護者用**——ご自分の認知スタイルの傾向を知るためのもの。

留意事項　どのチェックリストも，認知処理スタイルのわかりやすい内容を列挙しましたが，リストにすべての特徴があげられているわけではありません。また，いくつ印が付いたら継次あるいは同時の処理能力が有意に高いといえるかなどと数量的な判別ができるわけではないことをご了承ください。あくまで大まかな傾向をみるためのものです。

① 学級の子どもの認知処理スタイルを把握する

1 子どもの行動観察によるチェックリスト

　教師・保護者が，子どもの行動観察によってチェックするものです。「継次処理が強く同時処理が弱い子どもの傾向」「同時処理が強く継次処理が弱い子どもの傾向」を別々にリスト化したものです。☑が多くついた表のほうがその子の認知処理スタイルの傾向といえます。

● 「継次処理が強く同時処理が弱い」子どもの傾向

継次処理が強い子どもの傾向
☐ ①自分で手順や順序を考えて作業することができる（例：九九を順番に覚える。料理の手順やマット運動の体の動きを自分で考えて活動する）。
☐ ②説明や手順書を見ながら，順番に作業していくことができる（例：説明書どおりに玩具を組み立てる。料理の本を見ながら料理する）。
☐ ③情報の順序を思い出すことができる（例：朝起きて学校に来るまでにしたことなど，自分のしたことを正しく順番に思い出すことができる）。
☐ ④順番に与えられた指示を理解できる（例：計算の順序や跳び箱運動の連続した体の動きを理解できる）。
☐ ⑤聞いたことを順番に正しく繰り返すことができる。
☐ ⑥言われたことを順番に行うことができる（例：計算ドリルの次に漢字ドリルをして最後に本を読むという先生の指示に従うことができる）。

同時処理が弱い子どもの傾向
☐ ⑦よく目にする単語を覚えたり，字の形を手がかりとして使えない。
☐ ⑧単語や文章，段落の意味を解釈することができない。
☐ ⑨単語の中の音節がわからない。
☐ ⑩単語を書くときに文字のまとまりとして理解することができない。
☐ ⑪文章，特に算数・数学の文章題を理解することができない。
☐ ⑫算数・数学に関する概念や問題のパターン・種類の理解定着が不十分。

● 「同時処理が強く継次処理が弱い」子どもの傾向

同時処理が強い子どもの傾向
☐ ①空間を扱う活動が得意 (例：地図を見る，図形の問題を解く)。
☐ ②ものごとの関連性を理解している (ものごとの似ているところや同じところを見つけて，仲間分けすることが得意である)。
☐ ③ものごとの全体像を把握することができる (問題を見たり読んだりするとき，その全体像を把握することができる)。
☐ ④複雑な言語指示を理解できる (口頭でいろいろな指示をされても，うまく理解できる)。
☐ ⑤パターンに従った作業をうまくこなす (お手本があれば，それを見ながらうまく取り組むことができる)。
☐ ⑥視覚的教材を使って学習に取り組むことを好む。

継次処理が弱い子どもの傾向
☐ ⑦単語を文字に分解するのが苦手で，声に出して読むことができない。
☐ ⑧単語の順序をもとに内容を理解することができない。
☐ ⑨単語を正しく発音することができない。
☐ ⑩単語を書くときに，決まった文字の場所 (音が区切れるところ) が覚えられない。
☐ ⑪計算をしたり，算数の問題を説いたりするときの手順がわからない。
☐ ⑫読むときに単語，文章，段落の順番に従って読み進められない。

J.A.ナグリエリ・E.B. ピカリング著,前川久男・中山健・岡崎慎治訳 (2010)『DN-CASによる子どもの学習支援―PASS理論を指導に活かす49のアイデア』日本文化科学社，p16 〜 17より引用

2 子どもの学習場面の観察によるチェックリスト

　先生・保護者が，子どもの学習場面（国語・算数）の観察によってチェックするものです。「継次処理が強く同時処理が弱い子どもの傾向」「同時処理が強く継次処理が弱い子どもの傾向」について，☑が多くついたほうがその子の認知処理スタイルの傾向といえます。

● 国語における認知処理スタイルの傾向

	継次処理が強く， 同時処理が弱い子どもの傾向	同時処理が強く， 継次処理が弱い子どもの傾向
言語の習得	・視覚性言語の習得が困難。 ・音の把握には抵抗が少ない。	・聴覚性言語の習得が困難。 ・文字の把握には抵抗が少ない。
音レベル	・概して発音は正確であるが，文字を形よく構成できない。 ・文字の読みではあまり困難がみえないことが多い。書字がへたな場合が多い。	・概して音韻分別が弱いため，発音に問題をもつ。 例：たんぽぽ→たんぽこ 　　ねんど→めんど ・特殊音節の習得も遅い。
単語レベル	・文字を読むことはできるが，文字が集まった単語は読めても，意味がわからないことがときどきある。	・単語は読めても，1文字1文字に分解すると読めない。
文レベル	・文を読むことはうまくできるが，文を書くことはできないことが多い。	・文の意味は把握できるが，読むことが苦手で，特に音読することがむずかしい。
文章レベル	・文章を読むことはできるが，意味を把握することができない。特に物語文の理解は悪く，反対に説明文なら理解することができる。	意味の把握はできる。物語文において感情的な流れを理解することはできるが，説明文などの理解はむずかしい。

熊谷恵子著，藤田和弘監修（2000）『長所活用型指導で子どもが変わるPart 2』図書文化社，p 24を引用

第4章 ● 認知処理スタイルを知るチェックリスト

● 算数における認知処理スタイルの傾向

	継次処理が強く，同時処理が弱い子どもの傾向	同時処理が強く，継次処理が弱い子どもの傾向
数の習得	・聴覚性言語の習得はスムーズ。 ・視覚性言語の習得は困難。	・視覚性言語の習得はスムーズ。 ・聴覚性言語の習得は困難。
数の変換	・数唱はスムーズ。 ・計算をすることは容易。	・連続量の理解は容易。 ・数唱と計算をすることが困難。
数概念	・序数性の理解は容易であるが，基数性の理解が困難。	・基数性の理解は容易であるが，序数性の理解が困難。
計算	・手続きとしての計算はできる。	・計算の内容の把握はできる。
文章題	・立式はでき，手続き的に計算を解くこともできるが，どれくらいの答えになるかを推測することが困難。	・どれくらいの答えになるかを想像することはできるが，立式は困難なことが多い。
測定	・測定の手続きは理解できるが，単位同士の関係が理解できない。	・単位同士の関係がわかり目盛りも読めるが，測定の手続きが正確に踏めない。
表とグラフ	・表やグラフを読んだり，利用することが困難。図形の構造を理解することができない。	・表やグラフを読むことはできるが，実際に図形を正確にかくときに，道具を適切に使ってかくことの困難さが目立つ場合がある。
図形	・正しく図形をかく手続きは理解できる。	・図形の移動の弁別は，見るとすぐできるが，実際にかくことができにくい。

熊谷恵子著，藤田和弘監修（2000）『長所活用型指導で子どもが変わるPart 2』図書文化社，p 63を引用

行動観察および学習観察（国語・算数）によるチェック方法をご紹介しました。以上のほかにも，継次的・同時的指導方法の5原則に照らして見分ける方法があります。

　これまでの指導で，「順番がよく理解できない」「口頭による指示だけではうまく伝わらない」といった特徴がみられた場合，その子どもは継次処理が苦手のようだと推測されます。この場合には，試しに同時的指導方法を用いてみるのです。

　例えば，順序性を重視した教え方や口頭による指示ではなく，絵，写真，ジェスチャーなど視覚的・運動的手がかりを多く取り入れて指導してみるのです。これにより，以前の指導方法と比べて短時間により多くのことが学習できたら，その子どもは同時処理が得意であると考えられます。

　このような「指導方法の5原則」（61ページ）に照らして子どもの認知処理スタイルを見分ける方法は，普段の学習場面における観察や実際の指導をしながら確かめられるという利点があります。

　その一方で，ある学習課題を行うのに困難さがみられたとしても，継次処理・同時処理という認知処理スタイル以外のものが原因の可能性もあります。さきほどの例でいえば，順番がよく理解できないのは，学習課題そのものがその子にはむずかしかったかもしれませんし，口頭による指示が伝わらなかったのは，その子どもに注意の障害があったためかもしれません。

　このように，学習課題の難易度や注意の問題と認知処理スタイルの問題とを混同しないよう留意したいものです。両者を見分ける簡潔な方法として，ここに掲載している子ども用チェックリストとの照合がありますが，最も確実な方法は，カウフマン式検査（K–ABC，KABC–Ⅱ）やDS–CASなどの個別式検査を実施して確かめることです。

3 子どもが自分で記入するチェックリスト
　（小学校高学年〜中学生用）

　ここでは，子ども自身が記入するチェックリストを紹介します。子どもの生活・学習場面での様子について尋ねる128〜130ページの12問について，A，Bどちらかあてはまるほうに〇をつけてもらいます。

　これによって，子どもの傾向が大まかに把握できます。

　Aに〇が多く付いた子どもは，継次処理が得意な傾向

　Bに〇が多く付いた子どもは，同時処理が得意な傾向

があるといえます。（※ただし，いくつ〇が付いたら継次あるいは同時処理能力が有意に高いといえるかなど，数量的な判別ができるわけではありません）

　なお，「指導方法の5原則」（61ページ）に12問の質問内容を照らすと以下のようになります。

継次処理が得意（Aの項目）

段階的・具体的情報の重要さ　Q8，Q11

部分の認知のよさ　Q2，Q7，Q9

順序性の把握のよさ　Q5，Q6，Q10

聴覚的・言語的手がかりの使いやすさ　Q1，Q12

時間的・分析的なものの見方　Q3，Q4

同時処理が得意（Bの項目）

全体的・概略的情報の重要さ　Q8，Q11

全体の認知のよさ　Q2，Q7，Q9

関連性の把握のよさ　Q5，Q6，Q10

視覚的・運動的手がかりの使いやすさ　Q1，Q12

空間的・統合的なものの見方　Q3，Q4

わかり方に関するアンケート

　　　　　年　　　組　　　名前

　以下の12個の質問について、「AとBの二つのうち、自分はどちらかといえばこちらに当てはまる」と思うほうに〇をつけてください。

Q1　読むときに、理解しやすいのはどちらですか。
　A　黙読よりも音読のほうが内容を理解できる。
　B　音読よりも黙読のほうが内容を理解できる。

Q2　漢字を書くときに、どんなところがむずかしいですか。
　A　漢字は、へんやつくりなどの部分は正確に書くことができても、へんとつくりが逆になってしまうなど、全体的な配置を間違えてしまうことがある。
　B　漢字は、おおまかな形はわかっても、その部分の細かいところ（例えば、目か日か、カンムリがウかワかなど）を間違えてしまうことがある。

Q3　作文（例えば、遠足や修学旅行の思い出など）を書くときに、どちらのほうが書きやすいですか。
　A　時間の経過にそって初めから順番に、「いつ、だれが、だれと、どこで、何を、どうした」などを思い出して整理すると書きやすい。
　B　「いちばん楽しかったのは、どこでどんなことをしたときか、苦しかったのはどこでどんなことをしたときか」など、印象に残ったことを思い浮かべると書きやすい。

Q4　物語を読んで人に教えるとき，どのように説明できますか。
　A　物語の細かい内容をつかんで，くわしく説明することができる。
　B　物語のあらすじをまとめて，簡単に説明することができる。

Q5　算数・数学で計算問題を解くとき，どちらがあてはまりますか。
　A　計算は意味がわからなくても，計算のやり方や解き方のパターンがわかれば，それにそってできる。
　B　計算は正確にできなくても，計算の答えのだいたいの数を求めることができる。

Q6　算数・数学の文章題を解くとき，どちらがあてはまりますか。
　A　文章題で，式を立てて計算することはできても，その計算を間違え，答えがとんでもない数になっていても気がつかないことがある。
　B　文章題で，式は立てられなくても，文章の意味を考えて，答えのだいたいの数を言い当てることができる。

Q7　英単語について，どちらのほうが理解しやすく覚えやすいですか。
　A　新しい英単語は，部分ごとの発音のきまりごとがわかれば，その英単語の全体の発音から，英単語を理解したり覚えたりすることができる。
　B　新しい英単語は，文章の中のどこに出てくるのかなど，物語の文の流れを手がかりにして，理解したり覚えたりすることができる。

Q8　料理を作るとき，どちらのほうが作りやすいですか。
　A　料理では，レシピに順序が示されていて，何をどのように切るかなどの正確な説明があると，正しく調理することができる。
　B　料理では，食材や調味料が用意されていて，出来上がりの写真があれば，自分で考えて調理することができる。

Q9　制作するとき，どちらのほうがうまくいきますか。
A　小さなパーツを組み立てて，最後にそれらのパーツとパーツを組み合わせると，うまくできる。
B　だいたいどう配置するのか大まかな部分から考え，それから細かいパーツを組み立てるようになると，うまくできる。

Q10　ロールプレイを行うとき，どちらはあてはまりますか。
A　一つ一つのセリフをいつ，どのような時に言うのか，正確に伝えることができる。
B　場面と目的が理解できていれば，正確なセリフではなくても，アドリブでふるまうことができる。

Q11　「これから行動すること」について先生から指示されるとき，どちらのほうが動きやすいですか。
A　どのように行動したらいいか，細かな点まですべて説明されると，動くことができる。
B　どのように行動したらいいか，目的を説明してもらえれば，だいたい動くことができる。

Q12　「これから行うこと」についての先生の説明は，どちらのほうが実行しやすいですか。
A　何をやったらいいのか，「初めに〜する，次に〜する」というように口頭で詳しく説明してもらえれば，やることを理解でき，実行することができる。
B　何をやったらいいのか，DVD等の映像でその様子を見せてもらえれば，やることを理解でき，実行することができる。

熊谷恵子著，藤田和弘監修(2016)『長所活用型指導で子どもが変わるPart5』図書文化社，p25をもとに作成

② 先生自身の認知処理スタイルを把握する

次表は，先生ご自身の認知処理スタイルを自己チェックするためのものです（カルボラが，子どもに読みの指導を行う際に教師がどのような教材を用いたり対応したりしているかをチェックする質問紙を，筆者が修正）。

● 指導者の自己チェック表

	指導者の対応
Yes, No	①子どもの興味を引きつけ，手順や課題の性質を理解させるために，視覚的手がかりを用いている。
Yes, No	②スキルの学習が意味ある文脈の中で取り上げられ，スキルの学習だけに終始しない。
Yes, No	③物語や叙述のすべてを読み終えた後に，子どもに対して質問をしている。
No, Yes	④教材の叙述の中に，部分的に省略された単語や単文を設けている。
No, Yes	⑤物語の叙述を小さい句に分けて示している。
No, Yes	⑥物語の叙述を読み終わる前か途中で，子どもに対して質問をしている。
Yes, No	⑦主要なアイデアを見つけ出せるよう工夫している。
Yes, No	⑧重要な概念や出来事を理解する助けになる事実を，思い起こすことができるよう工夫している。
No, Yes	⑨出来事を順序づけて教えている。
No, Yes	⑩詳細な事柄を思い起こすことができるよう工夫している。

10問中，**左側に丸のついた項目の多いほうが同時処理型，右側に丸のついた項目の多いほうが継次処理型の傾向がある**と判断してよいと思います。なかには，差がない場合もあるでしょう。78ページの表や日常生活について，保護者用のチェックリスト（次ページ）もあわせて実施していただくことで，傾向がわかるかもしれません。

③ 保護者自身の認知処理スタイルを把握する

　次表は，保護者にご自分の認知処理スタイルをチェックしていただくためのチェックリストです。日常生活における1〜10の各場面について，左右どちらかというとあてはまるほうに○をしてください。

● 保護者の自己チェック表

	1 ナビゲーション（道案内）		
☐	「次の角を右に……」「コンビニの角を左に……」など，そのつど言葉で説明されたほうが理解しやすい。	☐	道のり全体や目的地と現在地の関係が，地図上にいつも表示されているほうが理解しやすい。
	2 夕飯の買い物		
☐	どちらかというと，リストをつくって買い物をする。	☐	どちらかというと，品物を見ながら考える。
	3 洗濯・干し方		
☐	大まかな手順はあるが，そのときに応じて作業を進めたい。	☐	できるだけ決まった順序で作業を進めたい。
	4 日常の掃除		
☐	どちらかというと，一箇所ずつ順番に掃除する。	☐	どちらかというと，気になるところから掃除する。
	5 料理		
☐	メインの献立の材料が揃ったら，とりあえず調理を始める。	☐	調理を始める前にすべての献立を決め，材料を揃える。
	6 家電購入時		
☐	家電量販店で，商品を実際に使っているところを見たり，自分で自由に試したりしたい。	☐	家電量販店で，商品の特徴や使い方などの説明を読んだり聞いたりしたい。

7 家族との会話

☐ その日の出来事を順番に話すことが多く、数字や固有名詞が登場することも多い。

☐ 印象的なエピソードを中心に話すことが多く、数字や固有名詞はあまり登場しない。

8 メールや郵便物

☐ 関連しそうなものにまとめて目を通すことが多い。

☐ 順番に一つずつ目を通すことが多い。

9 お弁当箱の詰め方

☐ まんべんなく全体的に詰めていく。

☐ 端のほうから順番に一つずつ詰めていく。

10 組み立て式家具など

☐ 説明書を読んで、言葉の説明を手がかりに組み立てることが多い。

☐ 説明書の図・写真などを見て、完成形を手がかりに組み立てることが多い。

〈集計欄〉

| 1,2,4,7,10で左欄に○ | 個 | ＋ | 3,5,6,8,9で右欄に○ | 個 | ＝ | 合計（A） |

| 3,5,6,8,9で左欄に○ | 個 | ＋ | 1,2,4,7,10で右欄に○ | 個 | ＝ | 合計（B） |

　集計の結果、Aが多かった人は**継次処理型**、Bが多かった人は**同時処理型**と判断してよいと思います。また、なかにはAとBに大きな差がないタイプの人もいるでしょう。

　ご自身の傾向がチェックできたら、自分の得意なやり方でばかりお子さんに接していないか、お子さんの苦手なやり方を強いていないか、日ごろのお子さんや家族へのかかわり方についても振り返ってみましょう。

3 知能検査を用いたアセスメント
―― 知能検査の現状と日本版KABC-Ⅱ ――

　継次・同時のフォーマルなアセスメントができる知能検査には，KABC-Ⅱ，DN-CASなどがあります（2019年7月現在）。ここでは，おもにKABC-Ⅱについて説明しながら，知能検査の現状について説明します。

❶ 知能検査の現状 ―― 指導につながる検査へ

　一般的に「心理検査」は，知能，学力，性格，適性などの能力や特性における個人差（個人間差，個人内差）を明らかにするために，行動（言語的または非言語的反応）の見本についての測定を行い，一人一人の心的特質のレベルを数量的に表現したものを指します。そのうち知能に特化したものが知能検査です。ひとくちに知能検査といっても，その数はたくさんありますが，個別式検査の代表的なものに，ウェクスラー式知能検査，ビネー式知能検査，カウフマン式検査などがあります。

　すでにご説明したように，かつての知能検査は，集団の基準に照らしてその人がどこに位置するかという「個人の間の差（個人間差）」を明らかにする検査でした（38ページ参照）。

　現在の知能検査は，基準に照らしてその人がどの位置にいるかという「個人間差」とあわせて，その人自身の得意分野・不得意分野という「個人内差」でみることが重要である，という考え方に変わってきました。子どもの知

能発達の実態を知ることで，学習上のつまずきの原因を把握し，つまずきを解消するための指導の方向性を得ることが可能になりました。つまり，実際の指導・支援につながるものになってきた，といえるのです。

　保護者や先生方は，子どもの状態を客観的に把握できることで，新しい角度からのアプローチを行うことも可能になるでしょう。

　発達段階によっては，子どもと検査結果を共有することで，子ども自身が主体的に学習上のつまずきを改善することも可能になります。

② 知能検査のおもな種類

(1) 集団式検査と個別式検査

　知能検査には，集団式と個別式があります。

① 集団式検査

　学校などで多くの人を対象に行う筆記式検査です。検査後，知能や発達に課題が見つかった場合には，続けて個別式検査を受けることで詳細に調べることができます。現在多く行われている集団式検査には，TK式田中B式や，教研式学年別知能検査（サポート），教研式認知能力検査（NINO）などがあります。

※このほか，主に小学校就学時，就学時健康診断とともに行われる集団式知能検査に，「就学時知能検査」（就学時検査ともいう）があります。発達の遅れや偏りをおおまかに把握する一つの手段としても使われます。

② 個別式検査

　各々の知能検査の資格認定を受けた検査者（テスター）と受検者の一対一で行う検査です。特別支援教育・医療・福祉で使われている検査の多くがこの個別式知能検査です。現在多く行われている個別式検査には，田中ビネーⅤ，WISC-Ⅳ，KABC-Ⅱ，DN-CASなどがあります（2019年7月現在）。

どの検査にもそれぞれ，長所と短所があります。ちょうど薬に万能薬がないのと同じで，どの検査がいちばんよいということではなく，目的に合った検査を活用していくことが大切になります。

検査結果が具体的にどのように生活・学習面の支援・指導に生かせるかという視点が重要です。私（藤田）は，日本版KABC-Ⅱの制作委員長（ほかに5人の制作委員がいます）ですが，基礎学力と認知の関係をアセスメントできる検査という点では，習得検査と認知検査がセットになっているKABC-Ⅱが役立つと自負しています（138ページ参照）。

(2) 知能検査を受けるには

① 相談窓口は？

保護者の方がお子さんの知能検査の受診を検討する際は，地域の相談窓口で聞いてみるといいでしょう。

相談窓口としては，教育相談室（センター），発達相談室（センター），子育て支援センター，発達障害者支援センターなどがあります。あるいは福祉機関（児童相談所）や医療機関に問い合わせてください。

② 検査が受けられる場所は？

個別式検査は，検査者（検査の実施資格をもつ心理士）のいる病院（公的病院・民間病院），教育相談室（センター），発達相談室（センター）などで受けられます。

③ どの検査を受ければいいの？

知能検査には多くの種類がありますので，医師や相談先の専門家等と相談し，適切な検査を選ぶようにします。

ときには複数の心理検査を組み合わせて実施することがあります。多方面からの情報を得ることで，より効果的な支援の提供をめざすものです。

複数の検査を実施する場合は，本人の負担を考慮し，午前・午後に分けたり，数日に分けて実施したりすることもあります。

④ 検査の流れは？

事前に，いままでの経緯，生活や学習で困っていること等の聞き取りが行われた後，(後日または当日)検査が行われます。

検査終了後，日を改めて，検査結果が伝えられます。

⑤ 費用は？

検査の種類，病院や機関によって異なります。保険内診療になる場合とならない場合がありますので，事前に問い合わせましょう。

用語解説 心理検査，知能検査，認知検査

近年，高齢者ドライバーの事故が多発している現状をうけ，75歳以上の運転者が自動車免許証を更新する際には，記憶力・判断力の判定を内容とした「認知機能検査」の受検と高齢者講習等の受講が義務づけられました。

このような認知検査と，知能検査や心理検査の違いはどこにあるのでしょうか。

これら三つを，概念が広いものから並べると，心理検査＞知能検査＞認知検査となります。心理検査は，認知検査や知能検査に加えて性格検査なども含む広い概念です。また，一般的には，知能と認知を同じ概念でとらえ，知能検査＝認知検査とする見方もありますが，KABC-Ⅱを開発したカウフマンは，知能を認知能力だけでなく習得度も含めた全体的な知的能力であるととらえ，知能と認知を区別しています。

COLUMN 2

KABC-Ⅱとは

　子どもの知能・認知アセスメントで使用される検査のうち，KABC-Ⅱを例にあげて説明します。

(1) K-ABCからKABC-Ⅱへ

　K-ABC (Kaufman Assessment Battery for Children) は，米国のカウフマン博士夫妻 (Kaufman, A.S. & Kaufman, N.L.) により，1983年に作成されたものです。日本では，松原・藤田・前川・石隈により1993年に標準化されました (「K-ABC心理・教育アセスメントバッテリー」発売：丸善メイツ)。認知処理だけでなく，基礎的学力※を個別式で測定できる日本初の検査として登場しました。その改訂版であるKABC-Ⅱは，米国で2004年に刊行され，2013年に日本版KABC-Ⅱが刊行 (発売：丸善出版) されました。K-ABCに比べ，認知尺度・習得尺度ともに改善され，詳しいアセスメントが可能になりました。

※認知と習得の両面の検査により，認知に見合った習得 (基礎的学力) が身についているかどうかを調べることができます。ここでいう「基礎的学力」とは，KABC-Ⅱの検査によって測定される「語彙，読み，書き，算数・数学」のことであり，学校現場でいわれる基礎学力とは意味合いが異なります。

(2) 知能検査の流れ

　事前：聞き取り　──　保護者・本人への聞きとり。いままでの経緯，子どもの様子，どのようなことで困っているのか等の把握。

　当日：検査実施　──　実施時間は対象の子どもによって異なる。集中力がとぎれたら途中で休憩をはさんだり，本人の負担を考えて，午前・午後に分ける場合などもある。

　後日：結果報告　──　保護者・本人あるいは関係者へ，検査者が検査結果を伝える。フィードバック面接が行われることもある。

(3) KABC-Ⅱの特徴

以下，KABC-Ⅱの特徴を箇条書きにします。

○適用年齢：2歳6カ月～18歳11カ月。幼児期から青年期までの実施が可能です（K-ABCは，2歳6カ月～12歳11カ月）。

○実施時間：約30分～約120分（年齢等により異なります）。

○健康保険が適用されます（医科診療報酬点数450点）。

○以下の二つの理論モデルに立脚しているので，より幅が広くより深みのあるアセスメントが可能になりました。

① **カウフマンモデル**──認知尺度（継次，同時，学習，計画），習得尺度（語彙，読み，書き，算数・数学）

② **CHCモデル**──長期記憶と検索，短期記憶，視覚処理，流動性推理（推理を使って新規な問題を解く能力），結晶性能力（獲得した知識を使って問題を解く能力），読み書き，量的知識

○行動観察チェックリストが下位検査ごとに設けられています。

○幼児や障害のある子どもでも公平に測定します。特に発達障害のある子どものアセスメントに有効です。

○非言語性尺度が用意されているので，難聴児や言語障害がある場合でも，妥当なアセスメントが可能です。

○記録用紙には，検査時の子どもの行動を記載でき，想定されるプラス要因・マイナス要因の行動特性が下位検査ごとにリストになっているので，分析やその後のアセスメントの組み立てに有用です。

KABC-Ⅱの目的は，認知処理過程（継次処理・同時処理，学習能力・計画能力）と知識・技能の習得度（語彙，読み，書き，算数・数学）の両面から評価して，子どもの得意な認知処理スタイルを見つけるとともに基礎的学力につまずきがあるかどうかを測定します。特に学習上のつまずきがある場合には，その子の認知処理スタイルに適した学習方法を発見できますから，子どもへのアプローチを決める際の大きな

手助けとなります。KABC-Ⅱは，支援・指導に生かせる検査といえるでしょう。なお，KABC-Ⅱについて詳しく知りたい方は，以下の文献が参考になります。

(1) 藤田和弘 (2012)「K-ABCの改訂は子どものアセスメントにとってどんな意味をもつか」『発達131号』21～27ページ，ミネルヴァ書房
(2) 藤田和弘他監修 (2014)『エッセンシャルズ KABC-Ⅱによる心理アセスメントの要点』丸善出版
(3) 小野純平他編集 (2017)『日本版KABC-Ⅱによる解釈の進め方と実践事例』丸善出版

日本K-ABCアセスメント学会のご案内

　日本K-ABCアセスメント学会は，特別な支援ニーズのある子どもたちへの教育的援助に関して，日本版K-ABC心理・教育アセスメントバッテリー（K-ABC，KABC-Ⅱ）を中心とした心理・教育アセスメントを有効かつ適切に活用していくことをめざしています。

　当学会では，教育・医療・福祉の専門機関に勤務し，心理検査に携わる方（含大学院生）を対象に，日本版KABC-Ⅱのベーシック（初級）講習会，アドバンスト（中級）講習会を主催するほか，事例研究会等も開催しています。その他，専門的な事業も行っていますので，詳しくは下記にお問い合わせください。

```
日本K-ABCアセスメント学会　事務局
〒112-0012　東京都文京区大塚1-4-15-301
Tel & Fax      03-3944-1390
E-mail         honbu-jimu@k-abc.jp
URL            http://www.k-abc.jp/
```

── 第5章 ──

フィードバックを通じて
自分に合った学習方法を
身につける

せっかく知能検査を受けても，
保護者や子ども本人が，検査結果を一読し，
なんとなくわかったような，わからないような感じで，
そのまま検査報告書を引き出しの奥にしまってしまうのは，
非常にもったいない話です。
知能検査によって，子どもの認知処理スタイルを詳しく把握したら，
次は，検査結果をどのように学習や日常生活に生かすかが大切です。
それにはまず，保護者と先生方が検査の結果をしっかり理解し，
支援・指導に生かすこと。
そして，子どもたち自身が自分自身に合った学習方法を見つけ，
主体的に学習を進めていくことです。

その入り口であり，キーとなるのが
検査結果のフィードバックです。
本章では，KABC-Ⅱを例に，フィードバックの実際をみていきます。
子ども・保護者に，いかにわかりやすく検査の内容と結果を伝えられるか，
知能検査を行う検査者の力量が求められるところです。
本書の読者は，学校の先生方や保護者の方々が多いと思いますが，
検査者をめざしている方もいらっしゃると思いますので，
ぜひ参考にしてください。
学校の先生方・保護者のみなさんには，
検査のフィードバックの様子を垣間みることで，
実際の指導や支援にどう生かせばいいか，
ヒントにしていただければと思います。

アセスメント情報の フィードバック
―― KABC-Ⅱの場合を例に ――

　保護者・本人あるいは学級担任を含めた関係者へ，検査者が検査結果を伝えることを知能検査のフィードバックといいます。
　KABC-Ⅱなどの知能検査では，継次処理や同時処理などの強さに加え，普段の子どもの様子からだけでは知ることのできないたくさんの情報が得られます。また，それを期待するからこそ，子どもは大変な思いをしてでも検査を受けようとし，保護者は受けさせようとします。
　せっかく受けた知能検査の結果を，家庭や学校での生活がよりよく充実したものになるようにつなげることがもっとも大切です。検査者のアドバイスをしっかり受け止め，その内容を具体的に生活に生かし，継続していくことが，子どもの自己理解を促し，対応力をつけ，社会で自立して生きていくことにつながります。
　本稿では，まず読者にイメージをもっていただくために，「保護者・学級担任向けのフィードバックシート」の具体例を示します（Dさんの特性理解と支援のために）。知能検査（KABC-Ⅱの場合）の結果からどのようなことが得られるのか，また，そこからどのような支援が考えられるのか，よりイメージしていただけると思います。
　その子の特性や認知処理スタイル，得意なこと・不得意なこと，それらを手がかりにした学び方や教え方を，本人や保護者や学校の先生が具体的に理解し，子どもを囲んだチームになる――これができてはじめて，検査結果が生かされたということになるのです。

Dさんの特性理解と支援のために

検査日　〇〇年〇月〇日（検査者：〇〇〇〇）
検査時年齢：8歳（小学校3年生）

　Dさんの認知の発達や特徴，学習の習得状況を把握するために，KABC-Ⅱ検査を実施しました。KABC-Ⅱは，2歳6カ月から18歳11カ月を対象とした，本人がもっている力を把握するために用いられる個別式検査の一つです。本人の「新しい場面で問題を解決する力」と「これまで身につけてきた知識や技能」を比較できるほか，本人の中での得意な面，未習得な事柄などをみることができます。

　人はだれでも得意なところと苦手なところがあります。今回の検査はそうした**本人の特徴をとらえるためのもの**であり，医学的な診断や能力判定を目的としていません。**今回の検査結果が本人のすべてを物語るものではありません。**検査は本人の**特性を知るための一つのツール（道具）**です。検査は検査の手引書に基づき実施しましたが，本人の検査時の心理状態や環境（場所や検査者等）によって十分に力が発揮できなかったり，今後の支援のあり方によって数年後の発達の様子が変化したりすることもあります。

　これからの学校生活において，保護者や先生方が一緒に共通理解を深めながら，支援の方法を検討していく材料として活用していただけるとありがたく思います。

【相談内容（担任からの主訴）】
①文字（ひらがなや数字）の筆順がおかしい。漢字を書くことや文字をなぞることを嫌がる。また，話を聞いていても理解していない様子がみられる。
②兄（不登校気味）の影響を受けやすく，体調不良を訴えることが多く，登校しぶりがみられる。指導・支援のための手がかりがほしい。

【検査場面での様子】
・検査の所要時間は，2時間30分ほどでした。表情もよく素直な態度で，検査に協力的でした。問いかけに対する返事も元気でした。時間いっぱい，あきらめずに集中して検査に取り組むので，適宜休憩を入れました。できない課題があってもあまり気にすることなく，次の課題に進むことができました。

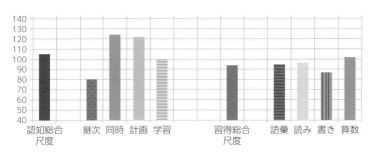

【用語説明】
●認知総合尺度　・情報を受け取って，覚えたり，考えたりする力
　　　　　　　・新しい場面や初めての問題を解決する力
継次尺度　・連続して入ってくる情報を一つずつ順番に処理する力
　　　　　・ものごとを順序立てて覚えたり，理解したりする力
同時尺度　・複数の情報同士の関係をもとに全体として処理する力
　　　　　・ものごとを全体的にまとめて覚えたり，理解したりする力
計画尺度　・課題解決の仕方を決めたり，途中で柔軟に修正したり，見直したりする力
学習尺度　・見たり聞いたりして入ってきた情報を，注意を持続して覚えておき，思い出す力
●習得総合尺度　・学校や家庭などで身につけられた力
　　　　　　　・知識や言葉の力，教科の学習に関する基礎的な技能
語彙尺度　・言葉の意味理解，言葉による表現力
読み尺度　・文字や言葉の読み，文章の理解力
書き尺度　・文字や漢字の書き，文を作成する力
算数尺度　・計算力，数を扱う推理力

●全体的な発達の特性

全般的な知的水準（認知総合尺度）および基礎的な学力（習得総合尺度）

○全体的な知的水準《認知総合尺度》は105（100～110）
　⇒「平均」から「平均の上」の範囲にあります。

○基礎的な学力《習得総合尺度》は94（90～98）
　⇒「平均」の範囲にあります。

◆知的能力に見合う基礎的な学力が身についていないようです。

本人の強さやよさ	苦手さが感じられること
◎同時尺度 **視覚的な手がかりがあるとよいでしょう。** 全体像を示してから，細かい部分を説明するとよいでしょう。	●継次尺度 **時間軸にそって順序よく把握することが苦手**です。 ⇒漢字を筆順どおりに覚えることが苦手です。 ⇒話を聞いて覚えておくことが苦手です。

結果から考えられる支援

視覚的手がかり　　　　聴覚的手がかり
（見る）　　　　　　　（聞く）

★「見てわかる手だて」── 本人が確認できるような**見える手がかりを用意**
例：メモを渡す，付箋の活用を活用する

◎相談内容①「書く」ことに関して
「同時処理的指導方法」を生かした学習方法を検討。
・漢字プリントの拡大や読みを多くした漢字テストの作成を担任が行う。
　⇒よい点数がとれるテストを作成し，本人の自信，
　　意欲につなげる。

・「書く量」の軽減を図る。
　⇒書く量が少なく，ヒントのある漢字プリントなどを宿題にする。
　⇒放課後児童クラブでは，読みを中心とした課題に取り組む。
・「量より質」を重視する（下記参照）。

例）個別課題時に本校貸出アプリを利用する。
①漢字全体を把握する。
②三本の横線と一本の縦線を確認する。
③ノートに書く（回数は本人と決める）。
④漢字を読む。

◎ 相談内容②「登校しぶり」に関して

絵カード（下図参照）を使用し，気持ちの確認と気持ちのフォローを担任が行う。
⇒気持ちの言葉（今日の気分）を絵カードから選択する。選んだ気持ちを
　担任が受け止め，代弁する。
◎保護者を交えたケース会議を定期的に開催し，支援の方向性を確認する。
　⇒ケース会議参加者（保護者，学校長，教頭，担任，特別支援教育
　　コーディネーター，養護教諭，関係機関担当者）

◎他校の「通級指導教室」を利用し，
　ソーシャルスキルトレーニングや漢
　字練習に取り組む。
　⇒保護者とかかわる時間を確保す
　　る。本人の気持ちを伝える場を設
　　定し，心の安定を図る。

宮崎県立延岡しろやま支援学校地域教育支援センター所属の検査者作成より。一部改変

KABC-Ⅱフィードバック面接の実際と効果

① 検査結果の伝え方における課題

　フィードバックの目的は，発達に偏りのある子どもたちが，検査報告書を踏まえて，自分に合った学習方法を理解し，自らの力で主体的に課題を解決していけるように橋渡しを行うことです。

　しかし，実際に検査を受けた子どもの保護者や担任教師から，こんな声を聞くことがあります。

　「検査結果の報告書のみで面接による説明がなかったので，自分の知りたいことが質問できなかった」

　「口頭による説明だけで報告書はもらえなかった。口頭のみの説明では，すぐに忘れてしまい，役に立たない」

　「実際にどんな支援をしたらいいのかわからなかった」

　いっぽうでは，「実際の支援方法がわかりやすく具体的に書かれている検査報告書をいただきました。これは私と子どもの宝物です」と，お子さんが小さいころに受けた検査結果を，成長したいまでも大事にされている保護者の方もいらっしゃいます。

　KABC-Ⅱに限らず，知能検査の報告書に一定のフォーマットはありません。日本では，知能検査の結果を伝える対象・方法について，基準や指針を明確にした規定はないからです。

また，検査結果に一定の様式がないのは，「検査を受ける人の特性もニーズも異なり，検査者から伝える内容も変わるためオーダーメイドが基本となるから」という考え方があります。そのため，どのような方法で伝えるかは，検査者に一任されているといえます。

② 支援・指導につなげるために

　知能検査結果の報告書の一つにフィードバックシートがあります。また，それを説明するためのフィードバック面接が行われることもあります。検査結果の書面を渡すだけでなく，面接で詳しく説明することが，効果的な支援・指導につながると考えます。

　子どもを対象にフィードバックを行う場合，その内容は，子どものメタ認知の発達レベルに適したものでなければなりません。例えば，熊上(2017)は，小学校5年生と高校1年生を対象にした「学習アドバイスシート」(フィードバックシート)を作成し，フィードバック面接を行いました。その取り組みのなかで，子どもの年齢によってシートの内容や表現を変えていく必要性を指摘しています。

　次ページから，ベテランの検査者お二人による，フィードバックの実践例を紹介します。

　読者のみなさんには，ご自分がフィードバックを受ける立場だと思って，知能検査でどのようなことがわかるのか，検査結果を子どもの学習および日常生活の指導・支援にどうつなげることができるのか，具体的にイメージし，検査活用のヒントにしていただければと思います。

　もしも読者が知能検査の専門家であるならば，子どもの困り感に寄り添い，子どもの将来の自立を願う保護者の思いをくみとり，子ども本人や保護者から，「宝物」と思っていただける報告書の作成とフィードバック面接を，ぜひめざしていただきたいと思います。

1 フィードバック面接の心得と効果
——高校でクラス全員に行ったアセスメントの実際——

和光大学教授
熊上 崇

❶ フィードバック面接の心得と効果

　私はKABC-Ⅱの検査者として，心理アセスメントを行っています。その際，子どもの発達段階に合わせ，わかりやすい言葉で書いた「学習アドバイスシート」(157ページ参照)を作成し，フィードバック面接のときに本シートを示しながら口頭で説明しています。

　検査者の仕事は検査の実施・採点だけではありません。仕事全体を1とした配分は，検査の実施・採点が3分の1，子どもとの関係づくりが3分の1，フィードバック・関係者との情報共有が3分の1，と私は考えます。これらすべてを行わないと支援・指導にうまくつながりません。

(1)子どもとの関係づくり

　知能検査を受ける子どもたちは，学習上・生活上の困り感や行動上の問題等を有しているケースが多いものです。周囲から注意・叱責を受けた経験が多く，自己肯定感が低い傾向にあるため，報告書(アドバイスシート)の書き方・言い方には配慮が必要です。

　その子なりに習得してきた知識・技術は必ずあるので，得点がとれたものに関しては「身についています」と説明します。

　また，「漢字の書きとりが苦手ですね」などと書くのではなく，「国語では……まで積み重なっています」などと，現在の習得レベルとして書くこ

とで,今後の取り組みによって変化が期待される旨を示すことも大切です。子どもの自尊心を傷つけることがないように配慮しながら,自己理解を深め,問題解決能力を高める工夫が大切になります。

「この人は自分のことをわかってくれる。自分の味方だ」と検査者が子どもに思ってもらうこと。フィードバック面接はここから始まります。

私が子どもに検査結果を伝える際は,「その子の趣味や好きなこと」をきっかけにする場合が多いです。

例えば子どもの趣味がギターという場合,「どういう曲を弾くの?」と尋ね,話題が盛り上がったあとに,「ところで,ギターはどうやって練習しているの?」と聞き,「ミュージシャンのビデオを観て練習しています」と言ったときには,次のように話します。

「それは,全体をみて視覚から入る練習の仕方(同時処理型)だけど,君の場合は,一つ一つ段階を追って順番に練習するほうがいいタイプ(継次処理型)だから,弦のはり方,コードの押さえ方とか,一つずつ練習していったほうが上達は早いと思うよ」と。

こうした話題をきっかけに,本題に入ります。「これを学習に置きかえると,漢字を見て覚えるよりも,一つずつ部首に分けて書き順どおりに覚えたほうが覚えやすいと思う」などと,趣味の話で自分の認知処理スタイルを理解させたうえで,それを学習や行動に応用するとどうなるか,という流れをつくるのです。

(2)担任の先生が「子どもとわかり合える支援」に

フィードバック面接は,子ども本人に行う場合,保護者に行う場合,子ども・保護者の二者に行う場合のほか,本人・保護者,学級担任や特別支援コーディネーター等の学校関係者等を交えて行う場合があります。可能であれば,学級担任の先生や特別支援教育コーディネーターの先生等にも同席していただけると,より有益な面接になると思います。

例えば，学級担任の先生が面接に同席された際，「そういえば，漢字を一つずつ部首に分けて学習したときはよくできていたよね」などと，子どもと一緒にふりかえる様子をみることができます。

私が面接時に実感したのは，先生方の意識が変わることの重要性です。「何でこの子はこんなことができないのだろう」ではなく，「なるほど，こうすればできるんだ」と気づいていくことによって，「この子の指導はほかの教科でも，継次処理型（同時処理型）にしてみよう」と，先生ご自身が子どもの指導の仕方を見直すきっかけになるのです。「今度こうしてみようね」と，**子どもと一緒に，先生の指導方法と子どもの学習方法のすり合わせを行うのです。こうした「子どもとわかり合える支援」がフィードバック面接を通じて実現する**ように思います。

担任や特別支援教育コーディネーターの先生が面接に同席されない場合でも，担任が保護者と連携して情報を共有し，指導方法を練る手がかりにしていただければと思います。そのためにも，担任・保護者が日ごろから情報を共有し合う，風通しのよい関係をつくっていただくことが大切だと思います。

また，子どもの指導・支援の方法を学校で共有する横軸の連携，学年・学校が変わっても継続するための縦軸の連携，その中の共有情報の一つとして，「個々の子どもの指導方法・学習方法」を共有し引き継いでいくことで，子ども自身が自己理解を深め，自立して生きていく一助になるのではないかと考えます。

(3) 問題行動の指導・支援

私は以前，家庭裁判所の調査官をしていました。ある少年院を訪問した際，夜の自由時間に子どもたちが勉強している姿を見て，「この子たちには，学びたいという意欲があるんだ」と感動しました。

私は非行少年たちにKABC-Ⅱを実施してきました。学習につまずきの

多い子どもたちですが，得意な認知スタイルを知れば，学習はしだいに身についていきます。

　また，KABC-Ⅱは，認知尺度と習得尺度の二つからなるカウフマンモデルによる解釈と，長期記憶，短期記憶，視覚処理など七つの尺度からなるCHCモデルによる解釈が可能です。私は，学習面と合わせ，生活面・行動面での支援・指導も重要視しています。生活面・行動面の支援では，このCHCモデルをよく活用し，日常生活の支援，および逸脱行動・違法行為等の指導につなげています（詳細は『長所活用型指導で子どもが変わるpart5』藤田和弘監修，図書文化社を参照ください）。

　ある少年のフィードバック面接で，学級担任の先生に同席いただいた際のことです。先生はその子に指示が入りにくいと感じていました。指示に従わないので叱責すると，イライラして暴れるなど問題行動を起こすことがあったようです。

　その子の検査結果から判明した記憶の弱さ等をお伝えすると，「一度に二つ以上の指示をしても頭に入らない。一問一答式で伝えればいいのだ」「この子の知らない単語で指示していた。わかる単語に言いかえればいいのだ」などと，先生ご自身が指導法を見直していました。

　子どもたちは「先生の言っていることがわからない」「自分のことをわかってもらえない」ことで不安・不満を募らせる場合があります。ですから，子どもにわかるように伝えることは非常に重要です。それを先生が理解し，指導を見直せば，子どもとコミュニケーションがとれるようになるでしょう。先生と子どもの関係性が変われば，子どもの行動にも変化が現れます。

❷ 高校でクラス全員に行ったアセスメント

(1) 目的・方法・検査結果

　公立A高校は，学習面や行動面での支援が必要な生徒が多い学校ですが，生徒に服装の乱れはなく，あいさつもしっかりできるルールが行き届いている学校です。習得度別のクラス分けにより，小学校レベルから高校レベルまで生徒の習得レベルに合った授業を実施しています。

　A高校から，生徒の認知処理スタイルと学習習熟度（特に，算数，数学）を測ることで，生徒への指導に役立てたいとの要望がありました。そこで，数学の習得度別にみて最下位の1クラス（29名）に対し，KABC-Ⅱの認知検査と数学にかかわる習得検査（数的推論と計算）を実施しました。

　検査結果の詳細は省略しますが，結果の概要は，知的障害が疑われる生徒29名中3名を除くと，ほかの生徒は平均より低いものの，一定レベルの認知能力がありました。しかし，算数・数学に関しては多くの生徒が低いことが検査結果からも明らかになりました。継次尺度・同時尺度の得点は低めですが，学んだことを覚える力（対連合記憶）を測る学習尺度は平均域でした。このことは，記憶や学習の仕方を工夫すれば，学習内容を定着させ，積み重ねられることを示しています。

(2) 生徒へのフィードバック

　検査終了後には，先生方と検査結果を説明する会議を行い，生徒個別のフィードバック方法を検討したうえで，一人一人の「学習アドバイスシート」を作成しました（157ページ参照）。

　このシートをもとに，数名の検査者で分担し，生徒1人につき20分程度の個別でのフィードバック面接を実施し，生徒それぞれに合う授業の取り組み方や学習の仕方について説明しました。

　継次処理・同時処理についての説明では，例えば，「野球を教わるときに，

ビデオや画像で見るなど，全体的・視覚的に学習するのが同時処理，一つ一つの技術を段階的・分析的に学習するのが継次処理，あなたはどちらのタイプですか？」と，ふだん自分で用いている認知スタイルをまず聞きました。そのうえで，KABC-Ⅱの検査結果を示し，実際にどちらの傾向があるかを伝えました。

多くの生徒が幼少期からつまずきをみせていた，算数・数学の勉強法についても，以下のように説明しました。

継次処理優位の生徒には，「手順表」を示し，手順をまず書いて理解したうえで練習したほうが，やみくもに計算練習をするよりも理解しやすいと説明しました。同時処理優位の生徒には，方眼紙などを用いた計算シートを示し，視覚的・全体的に数字や計算式などを書くと，混乱せず間違えずにできることを説明しました。

どの生徒も平均域だった対連合記憶を測る学習尺度については，「学習尺度とは，簡単にいえば学んだことを覚えておく能力のことです。グラフのとおりあなたは一般の高校生とそれほど変わりません。学んだことを覚えておく力があるので，工夫すればさらにうまく記憶することができて勉強しやすくなります」などと説明しました。

学習方法については，生徒たちの多くが「書いて覚える，見て覚える」という単一の感覚を使っていました。そこで，学んだことを覚える力を高めるための方法として，多感覚学習のやり方を紹介し，書いたり，読んだり，色をつけたり，波線をひいたりといったいくつかの感覚を同時に用いると記憶しやすいことを説明しました。

(3) 教員との事例研究討論と情報共有

先生方への結果報告は，日本K-ABCアセスメント学会で作成された標準的な報告書と生徒に渡した学習アドバイスシートを使用しました。これらの報告書をもとに，生徒の特徴，認知処理スタイル，どのようなところ

でつまずきやすいか，どのような教え方であれば理解しやすいかを，実際の事例をもとに数学科の先生たちと討論しました。

　先生からは，「生徒の知的水準やどこでつまずいているのかがわかり，生徒の実情や苦戦の様子がわかった」という半面，「高校の数学なのだから，数Ⅰの範囲や数学の面白さを理解させたい気持ちもある」という意見が出ました。これを受けて，「生徒の興味をひきやすいトピック，例えばスポーツを用いたり，実際に外に出て計測するなど身体を使った活動を取り入れたりすれば，数学の学習や概念も身につくのではないか」といった議論になりました。

　なお，知的障害域の3名に関しては，授業の様子から理解力・判断力に困難があることは認識していたものの，知的障害域にあるとは気がつかず，今後はそれを意識して指導にあたるということでした。

(4)成果と課題

　この取り組みに関する教員用アンケートの回答には，「検査のときは，解けない問題への不安がある生徒もいたが，自分の得意な分野がわかって満足している様子だった」「フィードバックのあとは，どの生徒もうれしそうにしているのが印象的だった」などと記されていました。何より，検査結果は子ども自身のものです。子どもたちにとってわかりやすく意欲を高めるフィードバックの方法をさらに開発していくこととあわせ，知能検査の研修等によって検査者のフィードバックの技術を高めていくことも今後の大きな課題であると考えます。

※本内容は，熊上崇先生からお聞きした内容と引用参考文献，熊上崇（2015）「公立高校1年生の数学習熟度別クラスにおけるKABC-Ⅱの実施とフィードバック」『K-ABCアセスメント研究 vol17』p23-32をもとに編集部で構成したものです。

○○高等学校1年
＿＿＿＿　A　さん

〇〇年／〇月／〇日

学習アドバイスシート

あなたのKABC-Ⅱ検査結果から、まずあなたの「❶得意な学習方法」と「❷習得レベル」について、お伝えします。最後に、「❸習得レベルアップ」につながるヒントをアドバイスします。今後の学習や生活にぜひ役立ててください。

❶あなたの得意な学習方法は、**継次処理型** です！

あなたの場合、「同時処理」が低く、「継次処理」が高いという結果でした。つまり、絵や図などから全体的なイメージをつかむことは不得意である一方で、言葉や音を用いて、段階的に物事を理解する方が得意といえます。この得意・不得意の差は、とても大きいようです。また、「学習」も高いことから、理解できた物事を覚えていくのは得意なようです。

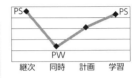

継次処理が高いなら「**ナビ**」タイプ
1つ1つ段階を踏んで学び、順序立てて考えるのが得意。
学ぶ時には、
部分から全体へ、聴覚的・言語的、部分的・分析的に！

同時処理が高いなら「**地図**」タイプ
全体的に理解し、関連付けて考えるのが得意。
学ぶ時には、
全体から部分へ、視覚的・運動的、空間的・統合的に！

❷あなたの習得レベルは、

**国語では語彙（ボキャブラリー）が豊富です。
数学では、整数、小数の計算**

まで身についています！

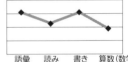

あなたはボキャブラリーが豊富に身についており、言葉を使った会話が豊かに行えます。「読み・書き」に関しては、「読み」についてやや習得不足です。算数（数学）では、整数、小数の計算までは、学習が積み重なっているようです。ただし、分数では、通分や約分をする問題、帯分数の問題でつまずいています。

❸習得レベルをアップするためには、あなたの得意な学習方法と長所を活かしましょう！

あなたは「継次処理」型の学習方法で、こつこつと学んだ事柄を身につけていく「学習」する力、そして、これまで身につけたボキャブラリーや、書く力を活かしていきましょう。
例えば、国語の文章を理解する際には、なんとなく黙読するよりも、声に出して読んだり、要点を書き出したりするとよいです。分数の計算をする際は、計算の手順を確認してから解いていくと良いです。また、ピアノを練習する際も、楽譜を見て理解するよりも、音を聞いて一つ一つ手で音を出していく方が、覚えやすいと思います。
最後に、Aさんの良い点は、とても礼儀正しく、笑顔が明るい、人をよい気持ちにさせる人柄です。また、集中力があり、最後まであきらめない忍耐力があります。これは、Aさんの何よりもすばらしいところです。勉強や生活の様子を先生や家族にこまめに話しながらすすめていくと、ますます夢に近づけると思いますので、がんばってください。

リポート作成者　熊上　崇（和光大学）

●図1　学習アドバイスシート（熊上）

2 ニーズに応えるフィードバック
―― 検査結果を真に役立てるために ――

世田谷区発達障害相談・療育センター，太田区教育委員会発達障害支援アドバイザー
星井 純子

1 ニーズに応える知能検査を行うために

「専門用語や抽象的な内容が多く，わかりにくかった」
「検査の結果のみで，実際の支援に生かせなかった」
「実際に何をしたらいいのか，具体的な手がかりが得られなかった」

知能検査について，お子さんや保護者がこのように思われた場合，その後，検査結果を支援や指導につなげるのはむずかしくなります。

私たち検査を実施する心理士は，真に役立つ知能検査をめざし，以下のようなことに留意する必要があると思います。

○事前に，知能検査の意義や結果の活用をご説明し，納得したうえで受けていただく。

○事前説明とフィードバック時には，心理職が使用するような専門用語を，具体的にイメージしやすいようなわかりやすい言葉でお伝えする。

○事前の面接時に「いま困っていること」を把握して，知能検査の結果から，これらのことが解決の糸口になるようアドバイスを行う。

○将来の見通しの手がかりになる提案を行う。

○お子さんの長所と弱いところをお伝えし，弱い部分を長所でどのように補うか，具体的な手だてをお伝えする。

② 検査は事前説明から始まる

(1) 知能検査の一連の流れ（相談・療育センターの場合）

　知能検査の一連の流れは，「事前の聞き取りを含めた情報収集→検査の実施→結果の報告」となります。詳細は機関によって異なりますが，ここでは一例として，私がかかわってきた機関等の場合で説明します。

　学校や家庭で苦戦状況にあり，さまざまな経緯で相談にいらした保護者やお子さん，担任の先生などの情報を総合的に検討し，知能検査が必要と判断され，保護者の了解が得られた場合に知能検査を実施します。

　日時を決めて，お子さんに来ていただき，知能検査を実施します。検査結果が出た後，検査を行った心理士一人の解釈や判断ではなく，複数でのケース検討を行うことが望ましいです。

　そのうえで，検査の結果を保護者や本人にフィードバックします。

　フィードバックでは，お子さんの特徴や今後の対応法等をご説明し，「何かお困りのことがありましたら，今後もご相談ください」とお伝えします。

　保護者や本人のご希望があり，ケース会議等で相談を継続することが有効と判断された場合は，継続した相談を行うことになります。

　また，必要に応じて，療育をおすすめしたり，医療機関，保健関係機関，福祉関係機関等をご紹介する場合もあります。

(2) 保護者への事前説明

　保護者との面接の際，知能検査の実施が決まった際には，まず，検査についての説明を行い，同意を得たうえで実施します。どのような検査でどのようなことがわかるのか，最初に理解していただくことが大切です。その際，一般的な口頭のみでなく図1のようなシートをもとに説明し，理解に役立てます。

KABC-Ⅱについてのご説明

さんの保護者様

今回、　　さんの認知の発達や特徴，学習の習得状況を把握するために，KABC-Ⅱ検査を実施します。検査の概要についてご説明します。

KABC-Ⅱは……

- 2歳6カ月から18歳11カ月を対象とした，お子様がもっている力を把握するために用いられる個別式認知検査の一つです。
- お子様の「新しい場面で問題を解決する力」と「これまで身につけてきた知識や技能（語彙の量やもっている言葉の知識，読み・書きの数を扱う力や算数の問題を解く力など）」を比較できるほか，お子様の中での得意な面，不得意な面，未習得の事柄などをみることができます。
- この中の約20ある検査は，大きく二つ（認知総合尺度と習得総合尺度）に分かれています。さらにそれぞれが四つの尺度ごとに分かれています。検査は，年齢に応じて実施する数や必要な時間が異なります。

認知総合尺度
・情報を受け取って，覚えたり，考えたりする力
・新しい場面や初めての問題を解決する力

継次尺度
・順番に連続して入ってくる情報を受け取って，覚えたり，考えたりする力
・ものごとを順序立てて理解したり，考えたりする力

同時尺度
・入ってきたいくつかの情報同士の関係をもとに，考えたり，覚えたりする力
・ものごとを全体的にまとめて理解したり，考えたりする力

計画尺度
・課題解決の仕方を決めたり，途中で柔軟に修正したり，見直したりする力

学習尺度
・見たり聞いたりして入ってきた情報を，注意を持続して覚えておき，しばらくしてから思い出す力

習得総合尺度
・学校や家庭などで身につけられた力
・知識や言葉の力，教科の学習に関する技能

語彙尺度
・言葉の意味理解
・言葉による表現力

読み尺度
・文字や言葉の読み
・文章の理解

書き尺度
・文字や漢字の書き
・文を作成する力

算数尺度
・計算力
・数を扱う推理力

● 図1　検査についての説明書（保護者向け）

(3) お子さんへの事前説明

　知能検査当日，検査を受けるお子さんが保護者から検査の意味等について適切な説明を聞いていない場合がしばしばあります。

　そこで私は，知能検査を「よいところ見つけテスト」「得意発見テスト」などと，発達段階に合わせた言葉で説明しています（図2）。

　まず，これからの勉強や生活に生かすために行うというテストのねらいを伝えてから，テストにかかる時間等の説明をします。途中で疲れてしまったり，トイレに行きたくなったりしたときは，休憩をとることを伝え，安心して受けてもらえるようにしています。

得意発見(とくいはっけん)テストについて

　これから 行う「得意発見テスト」は，あなたの強いところやよいところを見つけるためのテストです。

☆だいたい2時間30分くらいかかりますので，途中(とちゅう)で休憩(きゅうけい)をとって行います。

☆やさしい問題(もんだい)も むずかしい問題もあります。

☆一生懸命(いっしょうけんめい)に 考えても むずかしいときには，「わかりません」と 答えてだいじょうぶです。

☆とちゅうでトイレに行きたくなったり，つかれたりしたときには，言(い)ってください。

☆あなたのよいところや強いところを見つけて，お伝えします。

☆わからないことがあったら，始(はじ)める前に質問(しつもん)しましょう。

● 図2　検査についての説明書（子ども向け）

3 知能検査の効果的なフィードバックとは

(1) もらってうれしいアドバイスシートを

　フィードバック時に，私たちが心がけているのは，「もらってうれしいアドバイスシート，記憶に残る報告書」をお渡しすることです。

　保護者・関係者向けの報告書，お子さん向けのアドバイスシートには，対象者に理解できるわかりやすい言葉を利用し，専門用語を使う箇所には，解説をつけるようにしています。

　また，継次処理スタイル，同時処理スタイルのうち，そのお子さんが強いほうの処理スタイルをクローズアップして具体例をあげ，イメージしやすいようにしています（図3参照）。計画尺度，学習尺度（対連合記憶）等についても，能力の高いものに関して取り上げ，長所を生かして学習や生活に役立てられるよう，具体的に説明しています。

(2) 今後の課題―アフターフォローを行う取り組み

　検査を受けられて，結果の説明を受けても，報告書を引き出しにしまい込んでしまい，そのまま忘れてしまってはもったいない話です。

　そこで，検査者は可能なかぎり，知能検査を受けられた本人や保護者の方に定期的にお会いして，結果を活用したか否か，課題が改善したか否か，成長がみられたか否かといった，その後の経過を伺い，アフターフォローを行う取り組みを行ってほしいと思います。

　私はこれまでに，保護者や担任，特別支援コーディネーター等に知能検査についてアンケートを実施し，その結果を今後に生かしていく取り組みを行ってきました。今後も知能検査を支援・指導に生かしていただくための工夫を重ねていきたいと思います。

第5章 ● フィードバックを通じて自分に合った学習方法を身につける

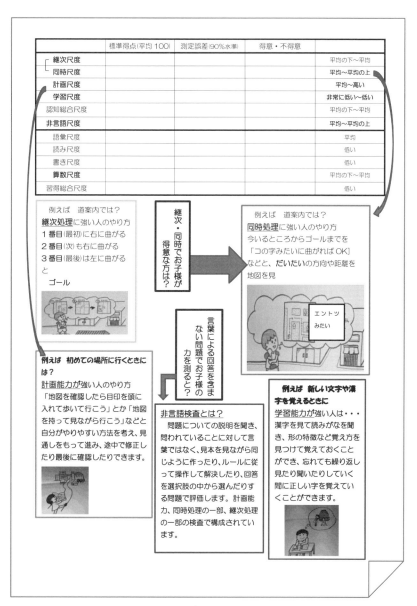

● 図3　アドバイスシート（星井）　　イラスト：アリンコアリ

COLUMN 3

「その子に合った指導」が自立につながる

　私（星井）は，もともと小学校の教員で，当初は通常学級の担任をしていました。当時はまだ，発達障害という言葉もないころでした。通常学級には数人，学習や生活につまずきのあるお子さんがいました。どうしたらその子たちの学びを上手に支援できるのか……そうした思いから，通級の教員となりました。

　通級の教員時代に，K-ABCを知り，本書の著者である藤田和弘先生のご指導のもと大学院生として学びました。やがて特別支援学校の教員となり，現在は発達障害相談・療育センター等で仕事をしています。

　私が通級の教員をしていたころ，生活に学習に苦戦しているお子さん一人一人の中に，強いところ・よいところがあるのに，自分で気づいていないケースの多いことが気になっていました。実際，ちょっとした自分自身のよいところを発見するだけで，ぐんと伸びる子は少なくありません。

　K-ABCには「個々の子どもの長所を活用して短所をカバーする」長所活用型指導という基本的な理念があります。子ども一人一人のよいところを，まずは私たち指導者が見つけてそれを支援し，やがては子ども自身で自分のよいところを生かし，自らすすんで学んでほしい。自らの足で生きていってほしい――こうした思いで，私も学びはじめていました。そんなときに出会ったのがAくんです。

　Aくんは小学校入学当初から，授業中にはいつも教室の床にゴロゴロと寝転び，あきてくると廊下側の下の小窓から廊下や校庭へ出ていってしまうような子でした（のちにASD〔自閉スペクトラム症〕と診断）。特別支援学級へという話もあがりましたが，6年生まで私の担

当する通級に籍をおきました。
　Ａくんの得意な認知スタイルは同時処理で，一つ一つ細かく言われても混乱してしまい，うまくできないようでした。そこで，「（ゴールを示してから）こうしてみたら？」と，全体を踏まえた同時処理型の指導を行ったところ，「これならできる！」と，Ａくんはのってきて，だんだんとできることがふえていきました。
　Ａくんが高学年になったとき，彼自身からこんな申し出がありました。「ぼく，自分の力でやってみたいから，ここ（通級）に来るのを減らしたい」と。Ａくんの大きな成長を目の前にして，胸が熱くなる思いでした。と同時に「ああ，もうあまり来なくなるのね」とちょっぴり淋しい思いもありました。その後，Ａくんは中学校に入学しましたが通級は利用せず，高校は支援学校の企業就労をめざすコースへ入学・卒業し，現在は就職しています。いまでも時折，お母さまから近況を記したお手紙をいただきます。

　発達に課題があるお子さんは，やはり一定期間は，保護者や学校の先生方，関係機関等による支援・指導があることでよりよい成長や自信を回復することにつながります。
　周りがその子にぴったり合った学習の支援・指導を行ったならば，やがてはお子さん自身で「自分に合った学習方法」を身につけ，自分が快適に社会生活を送っていくための術を編み出し，自分の足で歩んでいきます。そのことを，私は，たくさんのお子さんたちから教わり，いまも教わり続けています。

※本内容は，星井純子先生からお聞きした内容と資料をもとに編集部で構成したものです。

効果的なフィードバック面接を行うために

　最後に，個々の子どもたちに合った効果的な面接を行うためのポイントを整理しておきましょう。まず，子ども用のフィードバックシートの作成とフィードバック面接は，子どものメタ認知の発達を踏まえて行うことが大切です。下記はおよその目安です。

メタ認知レベル（発達段階）に応じたフィードバックの目安

- 就学前まで………… 苦戦している一つ一つの課題を効果的に解く（こうやればうまくいく）方法の具体的提示。
- 小学校低学年まで……… 本人が得意な認知機能（継次処理，同時処理）についての説明と，効果的な学習方法の説明。
- 小学校高学年まで……… 継次処理型学習方法または同時処理型学習方法の5原則の説明と応用。こうやればなぜうまくいくのかの説明。
- 中学生以上………… 継次処理，同時処理だけでなく，習得尺度の結果（カウフマンモデルだけでなく，CHCモデルによるものも含めて）と方法の説明後に，自分に適した方法を見つけ出すための話し合い。

　フィードバック面接は，検査者と子どもが一対一で行う場合もあれば，保護者や学級担任の先生などが同席して行う場合もあります。時間的な問題や情報共有という点からすれば，後者のほうがよいかもしれませんが，あくまでケースバイケースといえるでしょう。

　大切なことは，フィードバックシート作成とフィードバック面接において，①個々の子どもの得意な認知処理スタイル（継次処理型か同時処理型か），②個々の子どもの認知レベルに応じた説明の仕方（メタ認知の発達段階），この二点を押さえて実施することです。子どもに合ったフィードバックを行い，それを契機に子ども自身が自分に合った学習方法を徐々に身につけ，主体的に課題を解決していけるようになること——これこそが検査実施の意義であり，目標なのです。

資料 3　学校における心理アセスメントの基礎知識

　学校には，支援ニーズの多い子どももいれば，支援ニーズの少ない子どももいます。個に応じた教育を進めていくうえでは，そのような一人一人の子どもの教育的ニーズについて，アセスメントを行うことが必要になります。

　そこで，学校でのアセスメントと指導の流れをみていきましょう。

　最初に大切になるのが教師の気づきです。「学級の中に気になる子どもがいる」「支援を必要としている子どもがいる」と，気づくことから指導・支援が始まります。

　次のプロセスは「子どもをよくみること」です。気がかりなのは学習面なのか，あるいは対人関係面なのか，授業や休み時間などの子どもの様子を観察したり，子どものノートや作品をじっくり見たり，他の先生方や保護者から様子を聞いたり，行動上のチェックリストをつけたりします。

　さらに，「もっと詳しく」という場合には，学校内での情報収集を行います。おもに四つの領域（表1）について，家族からの情報収集を行ったり，必要に応じて学力検査や知能検査を行ったりします。

　それらのさまざまな情報を総合的に解釈し，子どもの教育的ニーズの性質と大きさを明らかにして有効な指導の方針を考えます。それが短期的には個別の指導計画となり，長期的に見通した個別の教育支援計画となっていくわけです。その後，作成した計画にそって指導・支援を実施し，その効果を検証して再計画を立てるというサイクルを繰り返します。これがアセスメントと指導の流れとなります（図1）。さらに詳しいより専門的なアセスメントの流れは，図2のようになります。

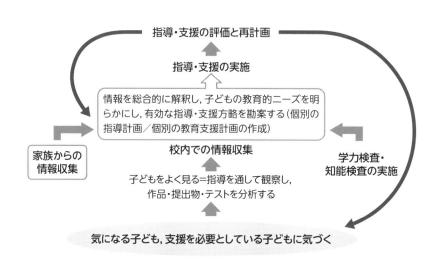

● 図1　学校でのアセスメントと指導の流れ (篁, 2007による)

● 表1　アセスメントの領域，内容，方法 (篁, 2007を改変)

	アセスメントの領域	内　容	方　法
①学力アセスメント	学力と学習のつまずき	授業態度，学力・基礎的学力，つまずきの特徴，学習スタイル	指導，観察，テスト，提出物，標準学力検査，LDI-R※，LD-SKAIP※など
②知能・認知アセスメント	知能・認知機能	全般的知能水準，聴覚・視覚認知機能，言語能力	WISC-Ⅳ※，田中ビネー知能検査Ⅴ※，KABC-Ⅱ※，DN-CAS※など
③行動・社会性アセスメント	行動・生活	授業・休み時間・課外活動での行動，対人行動，身なり，生活全般	観察，保護者からの聞き取り，行動チェックリスト
	感覚・運動	視力・聴力，見る力，聞く力，運動能力，全身の協調性，手指の巧緻性	視力・聴力検査，運動能力検査，観察
	身体面	体調，生活全般	観察，保護者からの聞き取り，医学的評価の情報収集
④環境アセスメント	発達経過・家庭	生育歴，家庭生活，家族関係	保護者からの聞き取り，関連機関からの情報収集
	学校・地域	教員の指導，学校組織(特別支援教育，就学相談，生徒指導など)，学校・地域のリソース	授業参観，面談，校報，関連機関からの情報収集

※は標準化されたテスト

第5章 ● フィードバックを通じて自分に合った学習方法を身につける

気づき
［指示が通らない　何を言いたいかよくわからない　音読を嫌がる　字が汚い　文章問題はいつも白紙］
↓
確かめ
(つまずきの領域や特徴を把握し，背景要因を探る)

- ○授業中の様子をよく観察する
- ○昨年の担任，他教科の先生，支援員，保護者に話を聞く
- ○ノートやテスト，指導要録を見てみる
- ○LDI-Rや教育センターのチェック

↓
より詳しい確かめ
(学力と背景要因(認知，行動等の特性)を詳細に把握し，つまずき要因を推定する)

〔学力アセスメント〕　〔認知特性のアセスメント〕　〔行動・情緒・環境のアセスメント〕

包括的な把握
- ●標準学力検査
  (同年齢集団内の相対的位置，到達度)
- ●KABC-Ⅱ
  (同年齢集団内の相対的位置と相当年齢)

各領域の把握

【聞く】
- ●KABC-Ⅱ「理解語い」(語の理解)
- ●KABC-Ⅱ「なぞなぞ」(文の理解)
- ●しりとり，逆さことば(音の認知，操作)

【話す】
- ●KABC-Ⅱ「表現語い」(単語)
- ●会話や発表(発音，意味，単語，文法，語用)

【読む】
- ●KABC-Ⅱ「ことばの読み」(字，語の音読)
- ●KABC-Ⅱ「文の理解」(読解)
- ●音読(音読)
- ●RAN(字，語，速さ)
- ●読書力検査(速さ，読解など)

【書く】
- ●KABC-Ⅱ「ことばの書き」(字，語の書き)
- ●KABC-Ⅱ「文の構成」(文法)
- ●視写(文字の認識，運筆)
- ●聴写(音と文字の対応)

【計算する】
- ●KABC-Ⅱ「計算」(計算)
- ●計算(数概念，計算)

【推論する】
- ●KABC-Ⅱ「数的推論」(文章題，図形など)
- ●文章題(数学的思考，文章題)
- ●図形，量(図形，単位換算，グラフなど)

全般的な認知能力レベルの把握
- ○WISC-Ⅳ
- ○田中ビネー知能検査Ⅴ

認知能力の個人内差の把握
- ○WISC-Ⅳ
  (指導視点でとらえる：言語理解，知覚推理，ワーキングメモリー，処理速度)
- ○KABC-Ⅱ
  ルリア理論でとらえる：継次処理，同時処理，学習，計画。(CHC理論でも解釈可能)
- ○DN-CAS
  (PASSモデルでとらえる：プランニング，注意，同時処理，継次処理)

より繊細な把握

【聴覚音声系】
- ○ITPA
  (言語・学習に必要な情報処理を回路，過程，水準の観点からとらえる)
- ○PVT-R (理解語いの発達をみる)
- ○復唱や逆唱(音の抽出や記憶，操作をみる)

【視覚運動系】
- ○フロスティッグ視知覚発達検査
  (視知覚や目と手の協応をとらえる)
- ○視機能検査
  (眼球運動・両眼の連携・調整機能などをとらえる)
- ○グッドイナフ人物画知能検査
  (ボディイメージの認知，視覚認知，目と手の協応などをとらえる)

【行動統制】
- ○AD/HDの特性
  (不注意，多動性，衝動性)

【対人関係】
- ○自閉症の特性
  (コミュニケーション，社会性，想像力の困難)

【動機づけ】
- ○学習への意欲
- ○興味関心
- ○願いや夢

【メタ認知】
- ○自己評価
- ○自己モニタリング
- ○自己修正など

【環境】
- ○所属学級
- ○担任
- ○家庭　など

↓
総合解釈・つまずきのメカニズムの推定

↓
効果的な支援方法の提案
(認知，行動等の特性の強さを生かし，弱さに配慮した方略を考える)

● 図2　アセスメントの流れ (名越, 2012による)

あとがき

　継次処理，同時処理，長所活用型指導という三つのキーワードは，米国版K-ABC検査の作成者であるカウフマン博士から最初に学びました。学習面や生活面で苦戦を強いられている子どもに対して，継次処理と同時処理という認知処理スタイルにアンバランスがあるかどうかをアセスメントして，アンバランスがある場合には，その子どもの強い認知処理スタイルを生かして支援・指導を行うという考え方です。アセスメントと支援・指導が一体化したすばらしいアイデアです。この二つはいわば車の両輪のようなもので，どちらが欠けても車は動きません。

　米国においてアセスメント・ツールとしてK-ABCとその改訂版であるKABC-Ⅱが開発されたのを受けて私たちは，1993年に日本版K-ABCを，2013年に日本版KABC-Ⅱを標準化しました。前者の標準化は，当時筑波大学の教官であられた前川久男先生，石隈利紀先生と3人で，手作業に近い形で取り組みました。後者については，石隈先生，青山眞二先生，服部環先生，熊谷恵子先生，小野純平先生との共同作業により標準化することができました。

　次に，もう片方の車輪である支援・指導のツールが必要でした。日本版K-ABCの刊行当時は，米国にもわが国にもアセスメントと連動した教育実践に役立つツールは見当たらなかったからです。教育現場の先生方の協力を得ながら，青山眞二先生，熊谷恵子先生と3人で『長所活用型指導で子どもが変わる』（シリーズ最初の本）を出版しました。1998年のことです。筑波大学大塚キャンパスの研究室で何回も熱い議論を戦わせたことが思い出されます。3人の作業はPart 2まで続き，その後は熊谷恵子先生がリーダーシップを発揮してPart 3からPart 5までを刊行することができました。

Part 3では柘植雅義先生，三浦光哉先生，星井純子先生，Part 4では高畑芳美先生，小林玄先生，Part 5では熊上崇先生，小林玄先生の各先生に加わっていただいております。5冊のシリーズは書籍の形をとっているので厳密にはツールとはいえないかもしれません。しかし，K–ABCおよびKABC-Ⅱと連動した教育実践に役立つ支援・指導の手段という点からすれば広義のツールといえましょう。

　本書は，上記二つのツールに関する理論的研究と実践的な取り組みがなければ誕生しなかったと思います。これらにかかわっていただいた先生方に心から感謝申し上げます。また，紙幅の関係でお名前を記すことができませんが，たくさんの方々のご協力があって本書が完成しました。検査者，対象となったお子さんや親御さん，学校の先生方に謝意を表します。

　日本K–ABCアセスメント学会の関係者のみなさまには，K–ABCおよびKABC-Ⅱアセスメントに関する研究の発展，ならびにこれらアセスメントに基づく教育臨床実践における普及という点で，多大な貢献をいただきました。厚く御礼申し上げます。

　本書は，前述した二つのツールに関係していますが，なかでも支援・指導に力点をおいています。いうまでもなく支援・指導にはたくさんの方法があり，本書で取り上げられたのは，そのうちの一つにすぎません。しかしながら，①学習につまずきのある子どもの得意な"わかり方"（認知処理スタイル）を把握する，②子どもの得意な"わかり方"で教える，③学ぶ楽しさや達成感をたくさん味わう，④自分に合った"学び方"を身につける，⑤自律的で主体的な学習者になる，というアプローチをとることによって，一人でも多くの苦戦している子どもたちにも手をさしのべることができるはずです。

　令和元年　7月吉日

　　　　　　　　　　　　ここのえまち閑谷庵にて　　藤田和弘

おもな引用参考文献

「長所活用型指導で子どもが変わる」シリーズ（図書文化社）

- 藤田和弘・青山眞二・熊谷恵子編著（1998）『特別支援学級・特別支援学校用　長所活用型指導で子どもが変わる──認知処理様式を生かす国語・算数・作業学習の指導方略』
- 藤田和弘監修，熊谷恵子・青山眞二編著（2000）『小学校・個別指導用　長所活用型指導で子どもが変わるPart 2──国語・算数・遊び・日常生活のつまずきの指導』
- 藤田和弘監修，熊谷恵子・柘植雅義・三浦光哉・星井純子編著（2008）『小学校中学年以上・中学校用　長所活用型指導で子どもが変わるPart 3──認知処理様式を生かす各教科・ソーシャルスキルの指導』
- 藤田和弘監修，熊谷恵子・高畑芳美・小林玄編著（2015）『幼稚園・保育園・こども園用　長所活用型指導で子どもが変わる Part.4──認知処理様式を生かす遊び・生活・行事の支援』
- 藤田和弘監修，熊谷恵子・熊上崇，小林玄 編著（2016）『思春期・青年期用　長所活用型指導で子どもが変わる Part 5──KABC–Ⅱを活用した社会生活の支援』

その他のK-ABC，KABC–Ⅱ関連

- 藤田和弘（2012）「K-ABCの改訂は子どものアセスメントにとってどんな意味をもつか」『発達131号』，pp 21-27，ミネルヴァ書房
- 日本版KABC–Ⅱ制作委員会（2013）『日本版KABC–Ⅱマニュアル』丸善出版
- 前川久男，石隈利紀，藤田和弘，松原達哉編著（1995）『K–ABCアセスメントと指導──解釈の進め方と指導の実際』丸善メイツ
- Alan S. Kaufman, Elizabeth O. Lichtenberger, Elaine Fletcher-Janzen & Nadeen L. Kaufman原著，藤田和弘・石隈利紀・青山真二・服部環・熊谷恵子・小野純平 監修（2014）『エッセンシャルズ　KABC-Ⅱによる心理アセスメントの要点』丸善出版
- 小野純平・小林玄・原伸生・東原文子・星井純子 編（2017）『日本版KABC-Ⅱによる解釈の進め方と実践事例』丸善出版
- 熊上崇（2015）「公立高校1年生の数学習熟度別クラスにおけるKABC–Ⅱの実施とフィードバック」『K–ABCアセスメント研究vol 17』pp 23-32
- 熊上崇（2017）「第5章検査結果の伝え方」小野純平・小林玄・原伸生・東原文子・星井純子 編『日本版KABC-Ⅱによる解釈の進め方と実践事例』丸善出版，pp 65-75
- 熊谷恵子（2017）「第4章アセスメントから指導へ」小野純平・小林玄・原伸生・東原文子・星井純子 編『日本版KABC-Ⅱによる解釈の進め方と実践事例』丸善出版，p 47
- 熊上崇・熊上藤子・熊谷恵子（2018）「心理検査の検査者は子どもにどのようにフィードバック面接をしているか──知能・発達検査の検査者への調査と『子どもへのフィードバック面接手順リスト』の作成──」『K–ABCアセスメント研究vol. 20』pp 27-39

教育・特別支援・発達障害関連

- Weinstein, C,E.&Mayer,R.(1986) The Teaching of Learning Strategies. In: Wittrock, M.C,(Ed).Handbook of Research on Teaching(3rd ed,),Macmillan, New York, p.316
- 辰野千壽（1997）『学習方略の心理学――賢い学習者の育て方』図書文化社
- 辰野千壽（2003）『確かな学力――学力観の返還』『個を生かす学習指導』学校教育研究所
- J.A.ナグリエリ, E.B. ピカリング 著,前川久男, 中山健, 岡崎慎治 訳 (2010)『DN-CASによる子どもの学習支援―PASS理論を指導に活かす49のアイデア』日本文化科学社
- 文部科学省（2012）「共生社会の形成に向けたインクルーシブ教育システムの構築のための特別支援教育の推進」
- 文部科学省（2017）『小学校学習指導要領』『中学校学習指導要領』
- 文部科学省（2015）「各教科等における障害に応じた配慮事項について（検討例）」教育課程部会総則・評価特別部会（第3回）配付資料，平成27年12月22日
- 鷲見聡（2015）『発達障害の謎を解く』日本評論社

心理検査関連

- 辰野千壽（1995）『新しい知能観に立った知能検査基本ハンドブック』図書文化社
- 篁倫子（2007）『学校で活かせるアセスメント』明治図書
- 名越斉子（2012）「B‒4学力のアセスメント」竹田契一・上野一彦・花熊暁監修『S.E.N.S養成セミナー　特別支援教育の理論と実践Ⅰ〔第2版〕』金剛出版，p159
- Flanagan, ,D.P.&Harrison,P.L,ed.(2012)Contemporary Intellectual Assessment Third Edition The Guilford Press

K–ABC，KABC–Ⅱについて詳しく知りたい方におすすめの文献

- 藤田和弘(2012)「K–ABCの改訂は子どものアセスメントにとってどんな意味をもつか」『発達131号』，pp21-27，ミネルヴァ書房
- Alan S. Kaufman, Elizabeth O. Lichtenberger, Elaine Fletcher-Janzen & Nadeen L. Kaufman原著, 藤田和弘・石隈利紀・青山真二・服部環・熊谷恵子・小野純平 監修（2014）『エッセンシャルズ　KABC-Ⅱによる心理アセスメントの要点』丸善出版
- 藤田和弘（2017）「知能アセスメントの変遷とKABC–Ⅱ」『K–ABCアセスメント研究vol.19』pp83-86
- 小野純平・小林玄・原伸生・東原文子・星井純子 編（2017）『日本版KABC-IIによる解釈の進め方と実践事例』丸善出版
- 藤田和弘（2019）「指導方略と学習方略――KABC–Ⅱアセスメントと関連づけて」『K–ABCアセスメント研究vol.21』pp15–24

著者紹介

藤田和弘（ふじた　かずひろ）

1942年東京生まれ。早稲田大学第一文学部哲学科心理学専修卒業，東京教育大学大学院教育研究科博士課程単位取得退学。東京教育大学教育学部助手，筑波大学心身障害学系講師，助教授，教授，九州保健福祉大学教授，吉備国際大学学長を歴任。筑波大学名誉教授。日本LD学会名誉会員。S.E.N.S名誉会員。日本リハビリテーション連携科学学会名誉会員。日本K-ABCアセスメント学会前理事長（現在は常任理事）。

著書：『日本版WISC-Ⅳ知能検査法』（共訳編著，日本文化科学社），『日本版KABC-Ⅱ心理・教育アセスメントバッテリー』（共訳編著，丸善出版），『長所活用型指導で子どもが変わるPart1～5』（共編著・監修，図書文化社）など。

「継次処理」と「同時処理」
学び方の2つのタイプ

2019年 9月20日　初版第1刷発行［検印省略］
2023年11月20日　初版第8刷発行

著　　　者	藤田和弘Ⓒ
発 行 人	則岡秀卓
発 行 所	株式会社 図書文化社
	〒112-0012 東京都文京区大塚1-4-15
	電話 03-3943-2511　FAX 03-3943-2519
編 集 協 力	辻由紀子
DTP・デザイン	株式会社 オセロ　熊谷有紗・吉成美佐
印　　　刷	株式会社 厚徳社
製　　　本	株式会社 村上製本所

JCOPY〈出版者著作権管理機構 委託出版物〉
本書の無断複製は著作権法上での例外を除き禁じられています。
複製される場合は，そのつど事前に，出版者著作権管理機構
（電話03-5244-5088，FAX 03-5244-5089，e-mail:info@jcopy.or.jp）の許諾を得てください。

乱丁・落丁本の場合はお取り替えいたします。
定価はカバーに表示してあります。
ISBN 978-4-8100-9736-8 C3037

シリーズ 教室で行う特別支援教育

個に応じた支援が必要な子どもたちの成長をたすけ,学校生活を楽しくする方法。
しかも,周りの子どもたちの学校生活も豊かになる方法。
シリーズ「**教室で行う特別支援教育**」は,そんな特別支援教育を提案していきます。

ここがポイント学級担任の特別支援教育

通常学級での特別支援教育では,個別指導と一斉指導の両立が難しい。担任にできる学級経営の工夫と,学校体制の充実について述べる。

河村茂雄 編著
B5判　本体2,200円

応用行動分析で特別支援教育が変わる

子どもの問題行動を減らすにはどうしたらよいか。一人一人の実態から具体的対応策をみつけるための方程式。学校現場に最適な支援の枠組み。

山本淳一・池田聡子 著
B5判　本体2,400円

教室でできる 特別支援教育のアイデア 〔小学校編〕〔小学校編Part2〕

通常学級の中でできるLD,ADHD,高機能自閉症などをもつ子どもへの支援。知りたい情報がすぐ手に取れ,イラストで支援の方法が一目で分かる。

月森久江 編集
B5判　本体各2,400円

教室でできる 特別支援教育のアイデア 〔中学校編〕〔中学校・高等学校編〕

中学校編では,授業でできる指導の工夫を教科別に収録。中学校・高等学校編では,より大人に近づいた生徒のために,就職や進学に役立つ支援を充実させました。

月森久江 編集
B5判　本体各2,600円

通級指導教室と特別支援教室の指導のアイデア 〔小学校編〕

子どものつまずきに応じた学習指導と自立活動のアイデア。アセスメントと指導がセットだから,子どものどこを見て,何をすればよいか分かりやすい。

月森久江 編著
B5判　本体2,400円

遊び活用型読み書き支援プログラム

ひらがな,漢字,説明文や物語文の読解まで,読み書きの基礎を網羅。楽しく集団で学習できる45の指導案。100枚以上の教材と学習支援ソフトがダウンロード可能。

小池敏英・雲井未歓 編著
B5判　本体2,800円

人気の「ビジョントレーニング」関連書

学習や運動に困難を抱える子の個別指導に
学ぶことが大好きになるビジョントレーニング
北出勝也 著
Part 1　　　　　　　　　B5判　本体2,400円
Part 2　　　　　　　　　B5判　本体2,400円

クラスみんなで行うためのノウハウと実践例
クラスで楽しくビジョントレーニング
北出勝也 編著　　　　　B5判　本体2,200円

K-ABCによる認知処理様式を生かした指導方略

長所活用型指導で子どもが変わる
藤田和弘 ほか編著
正編　特別支援学級・特別支援学校用　B5判　本体2,500円
Part 2　小学校 個別指導用　　　　　 B5判　本体2,200円
Part 3　小学校中学年以上・中学校用　B5判　本体2,400円
Part 4　幼稚園・保育園・こども園用　B5判　本体2,400円
Part 5　思春期・青年期用　　　　　　B5判　本体2,800円

図書文化

※本体価格には別途消費税がかかります